Build It!

Make Supercool Models with Your LEGO® Classic Set

VOLUME 3

Jennifer Kemmeter

GRAPHIC ARTS BOOKS®

Contents

Airport Adventure

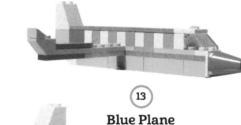

City by the Bay

African Safari

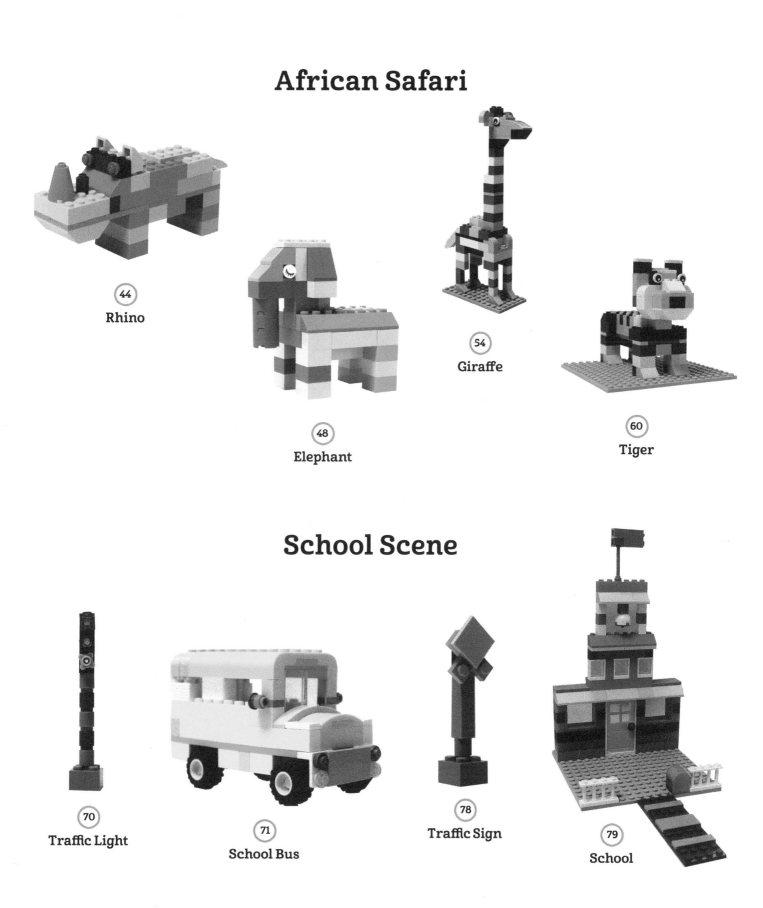

44 Rhino

48 Elephant

54 Giraffe

60 Tiger

School Scene

70 Traffic Light

71 School Bus

78 Traffic Sign

79 School

How to Use This Book

What you will be building.

A photo of what your finished rhino will look like.

Build a Rhino

An illustration of the finished rhino that looks like the pictures in the steps.

2x

2x

2x

1x

4x

4x

1x

1x

7x

4x

2x

4x

1x

4x

2x

2x

2x

2x

1x

1x

2x

2x

All the pieces you will need to build the rhino are listed at the beginning of each of the instructions.

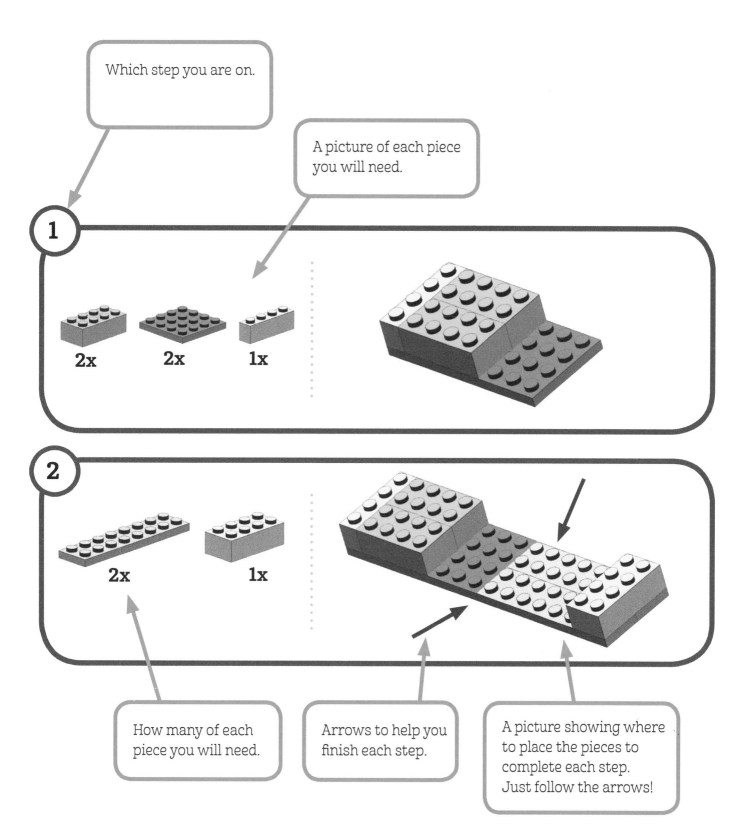

Which step you are on.

A picture of each piece you will need.

1

2x 2x 1x

2

2x 1x

How many of each piece you will need.

Arrows to help you finish each step.

A picture showing where to place the pieces to complete each step. Just follow the arrows!

Airport
Adventure

Air Traffic
Control Tower

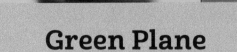

Green Plane

Blue Plane

Orange Plane

Build a Green Plane

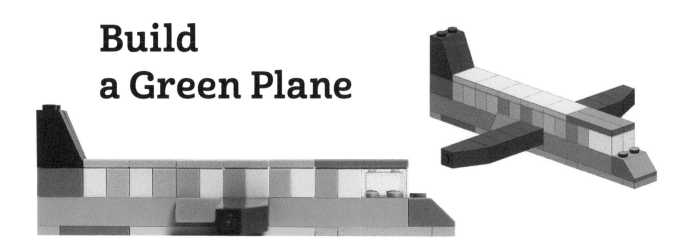

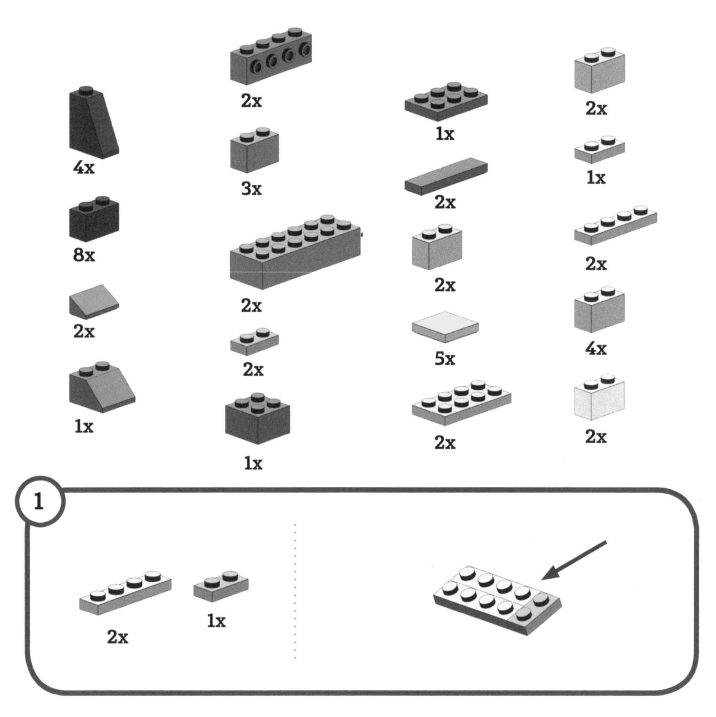

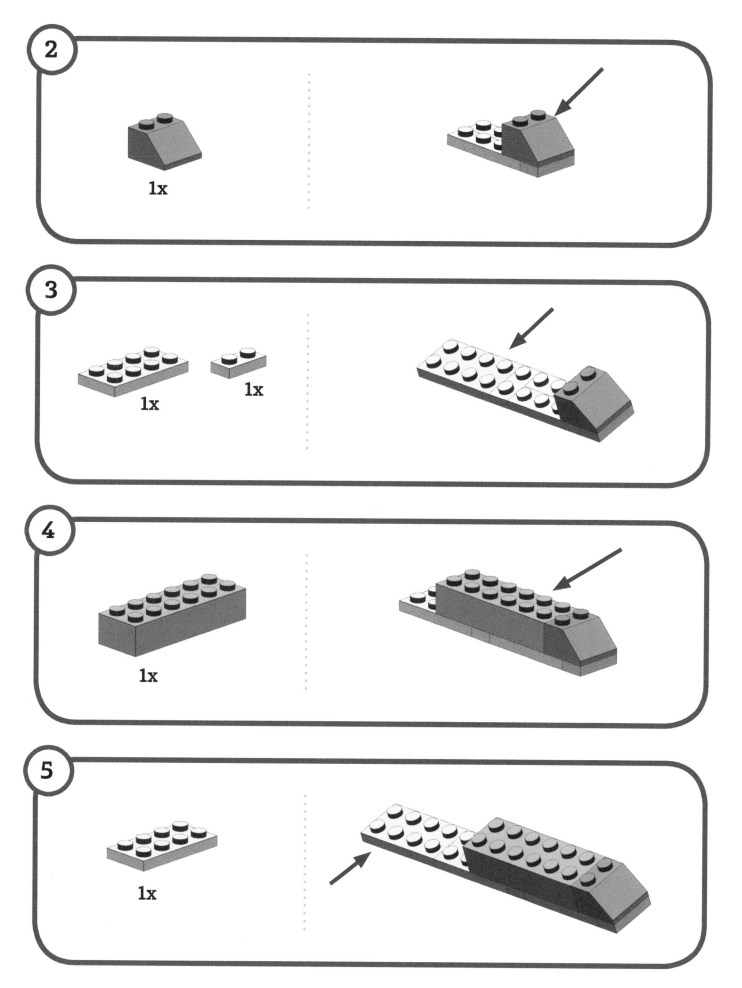

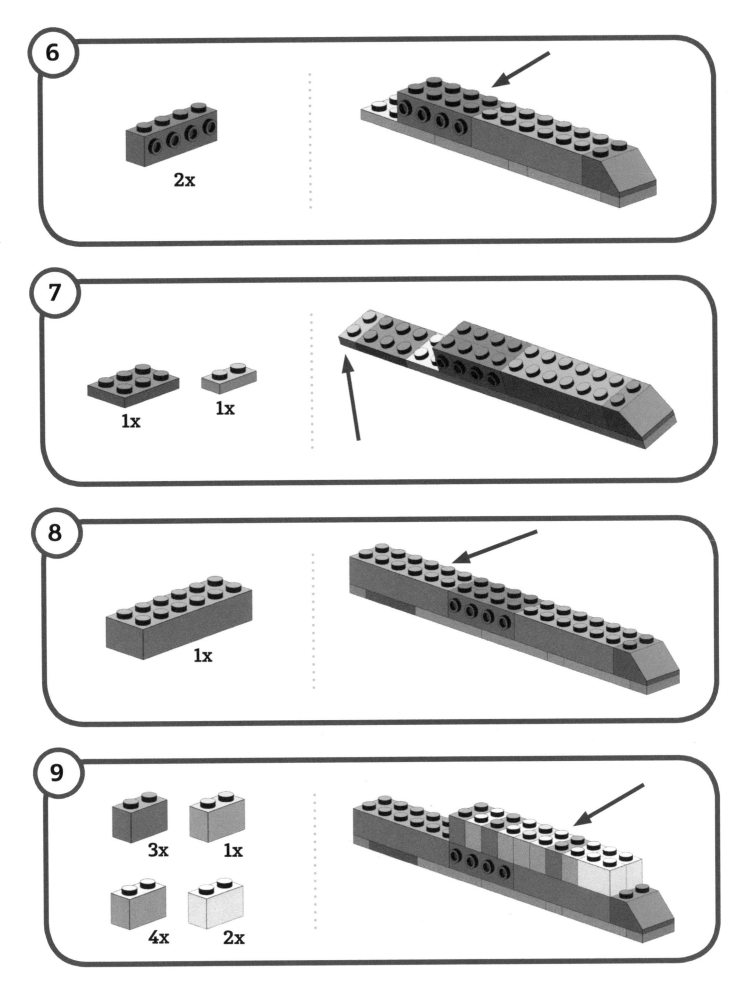

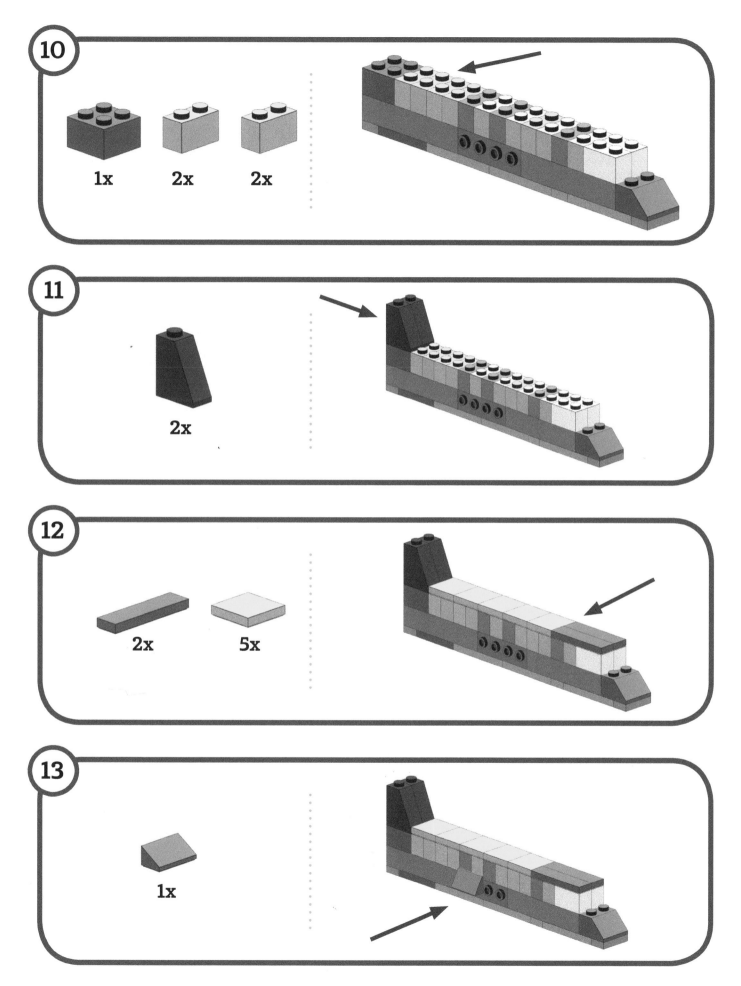

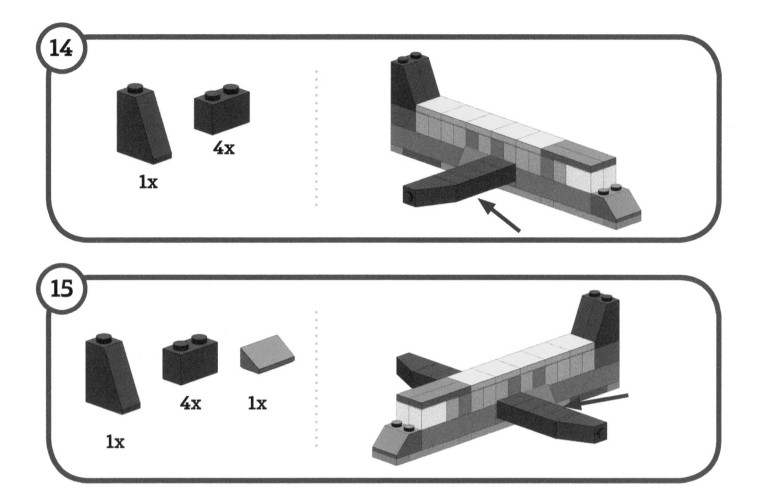

Build
a Blue Plane

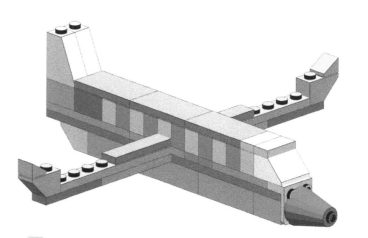

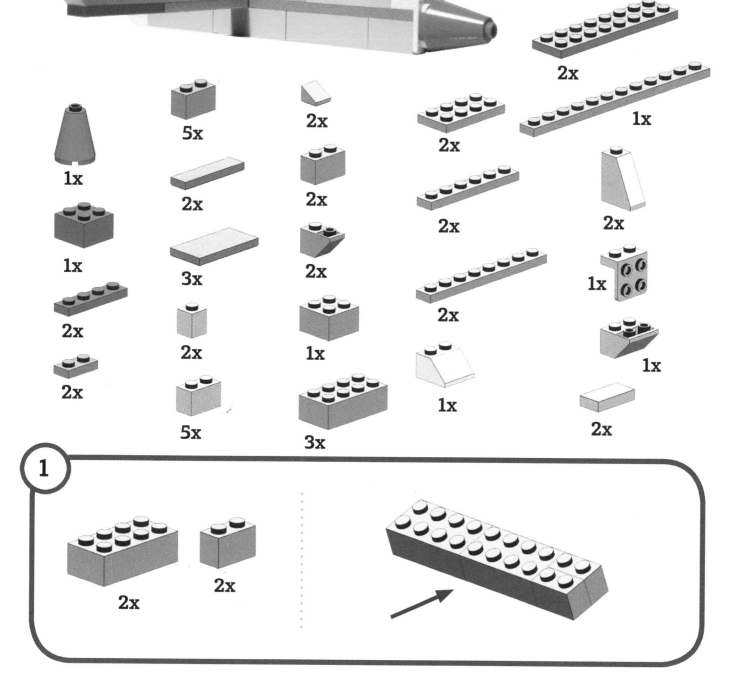

1x

1x

2x

2x

5x

2x

2x

2x

3x

2x

2x

2x

2x

5x

3x

1x

1x

2x

2x

1x

2x

1x

1x

2x

1

2x

2x

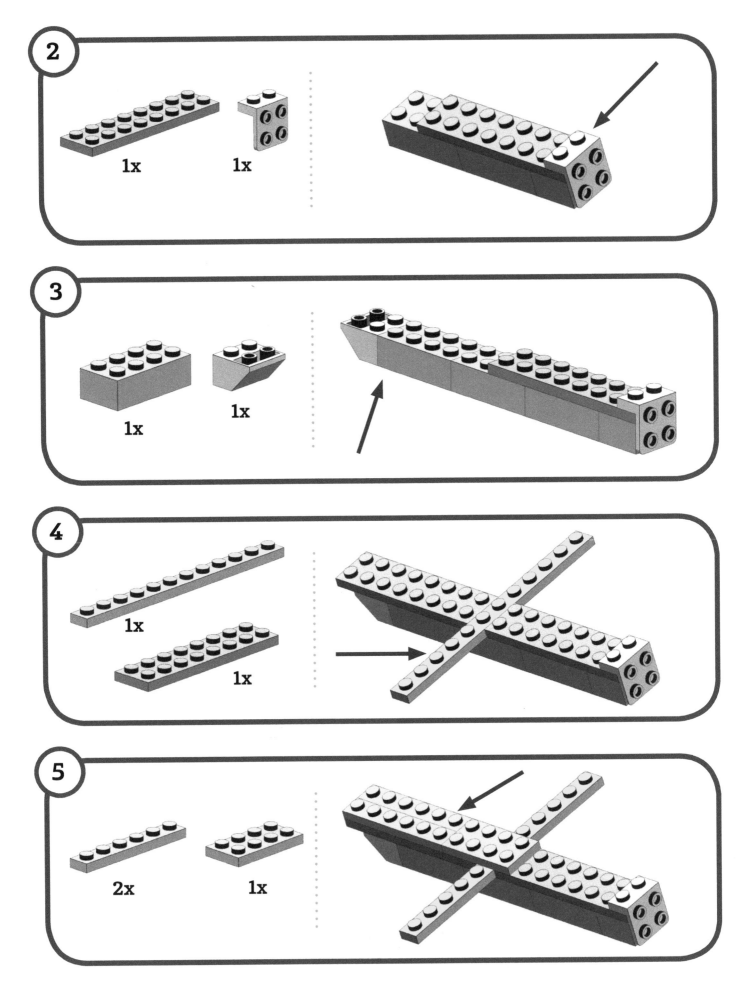

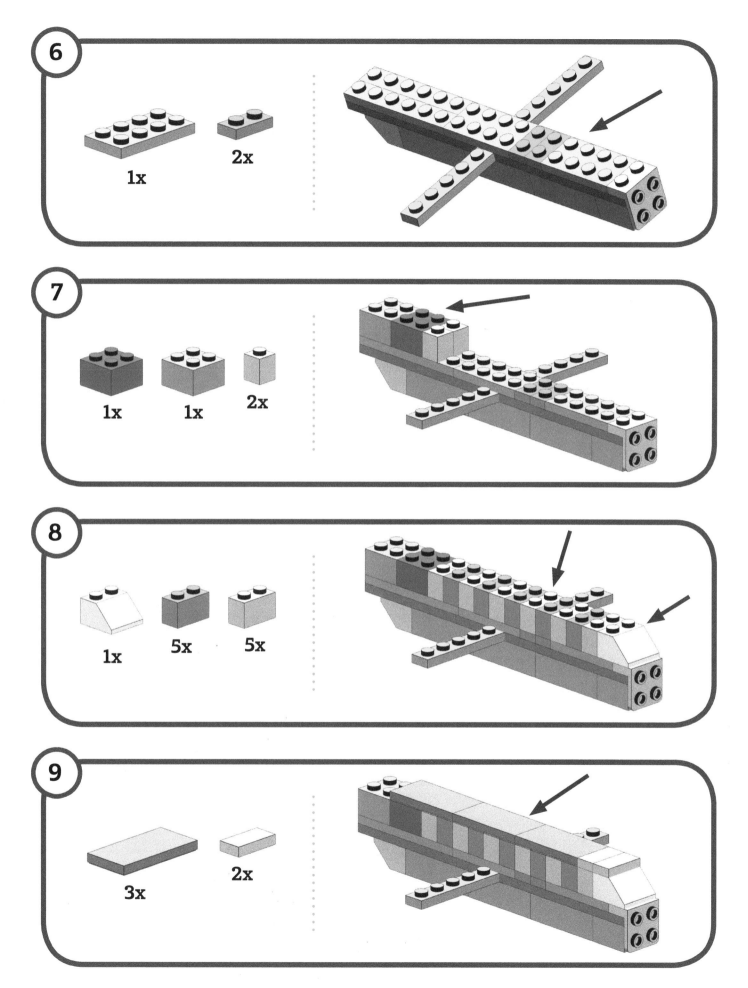

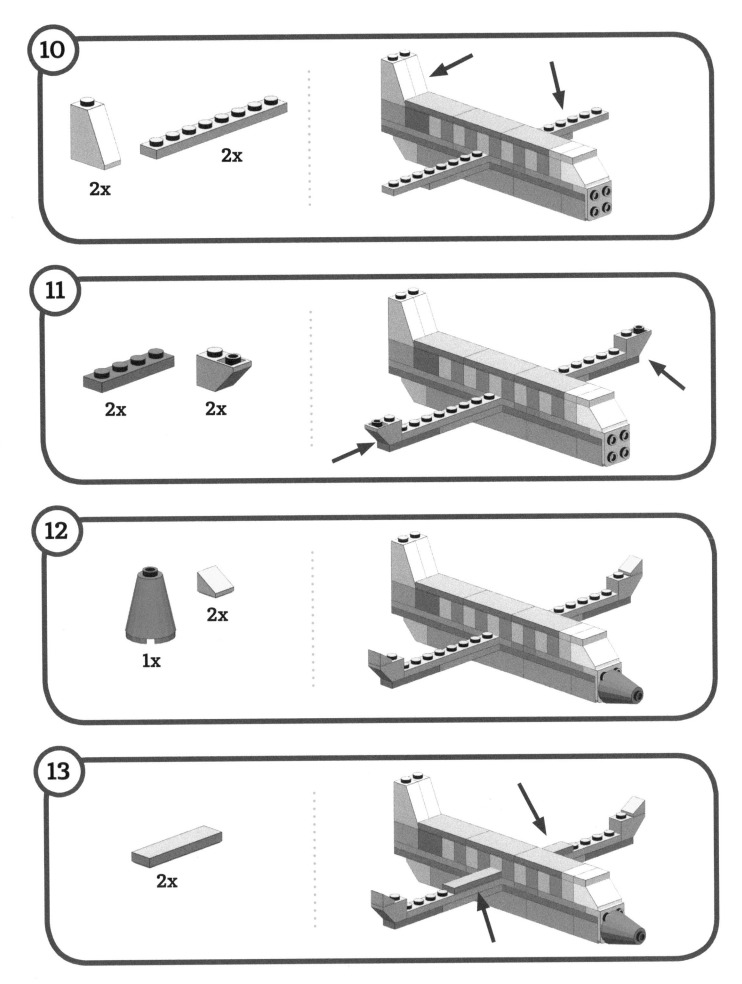

Build an Orange Plane

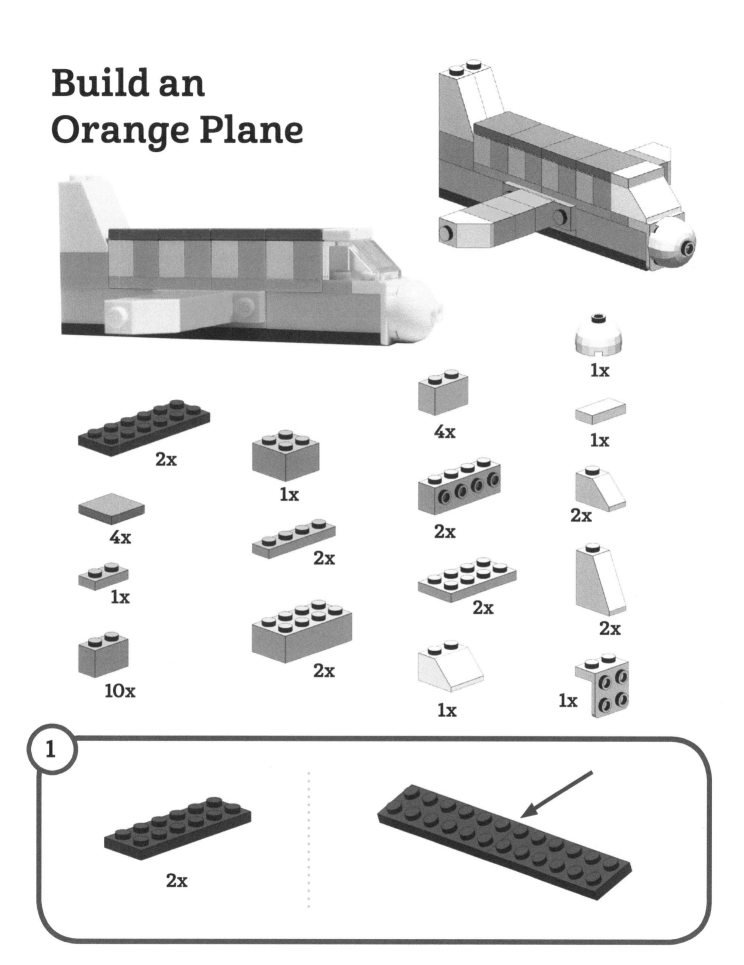

2x

4x

1x

10x

1x

2x

2x

4x

2x

2x

2x

1x

1x

1x

2x

2x

1x

1

2x

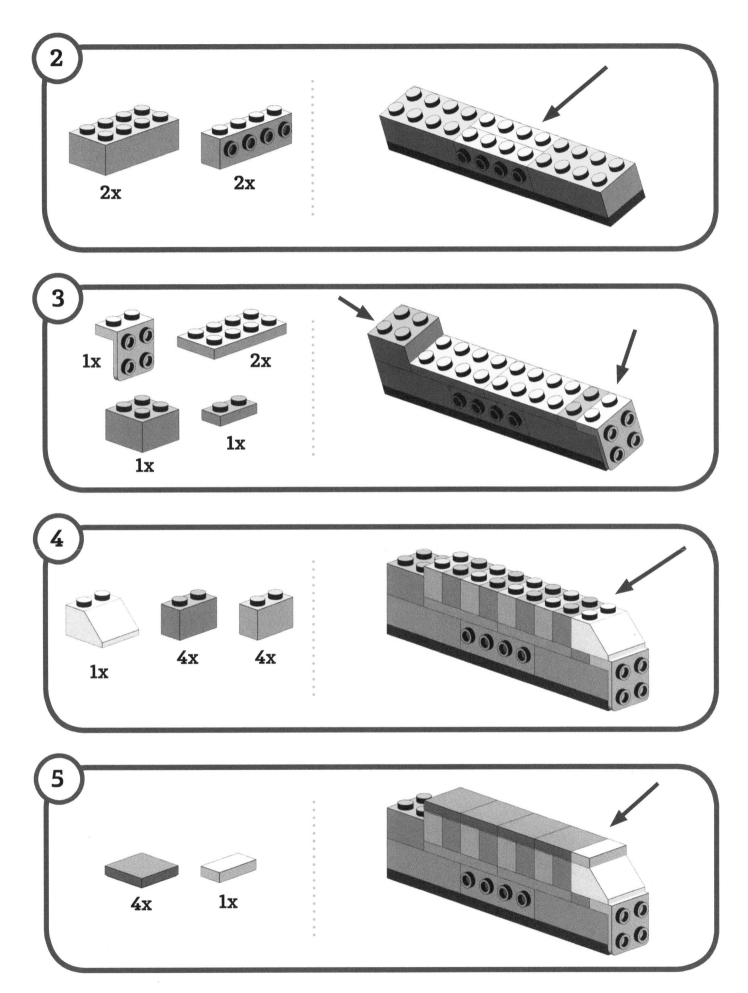

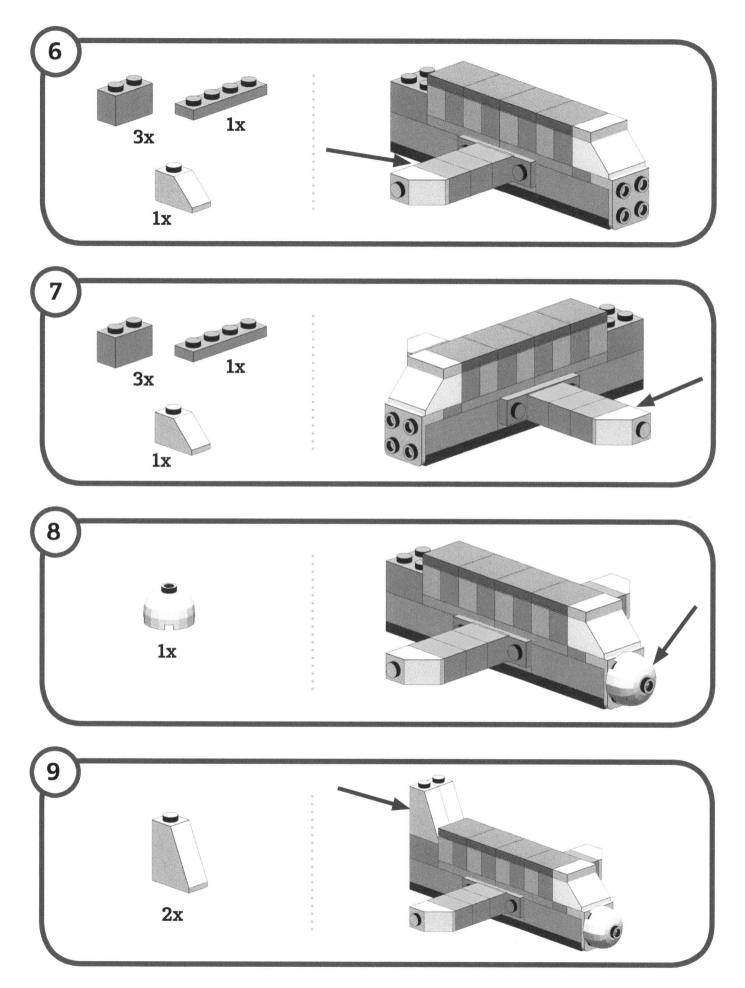

Build an Air Traffic Control Tower

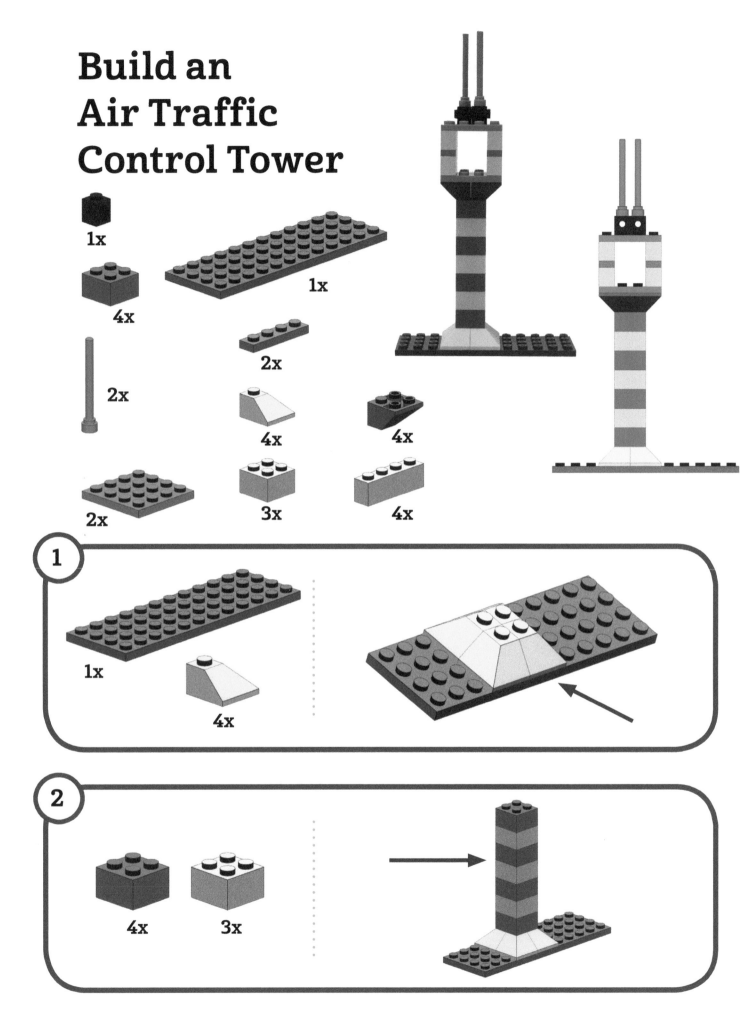

1x
4x
2x
2x
2x
4x
4x
3x
4x

1
1x
4x

2
4x
3x

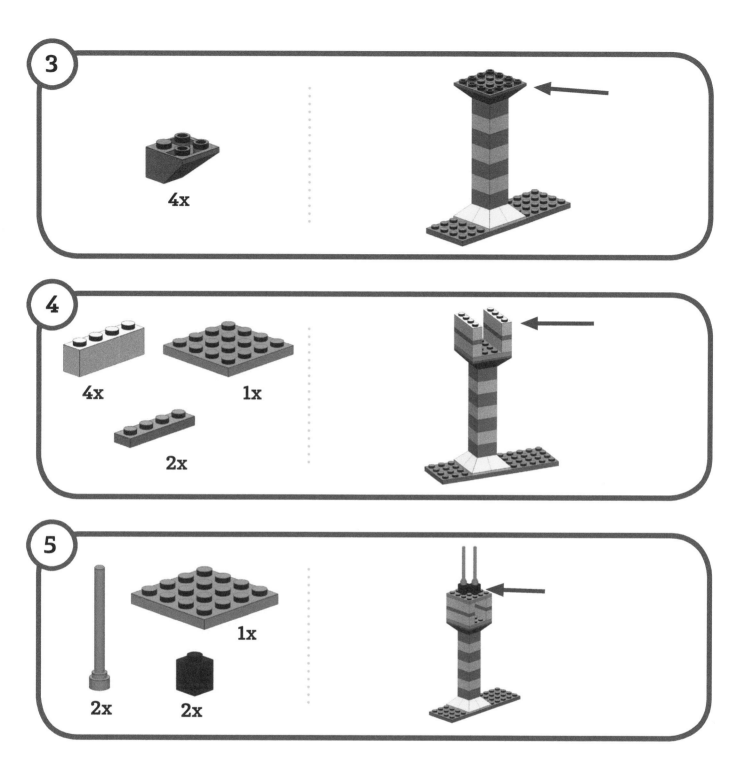

3

4x

4

4x   1x

2x

5

2x   1x

2x

City by the Bay

Rocket

House

Helicopter

Sailboat

SUV

Build a Rocket

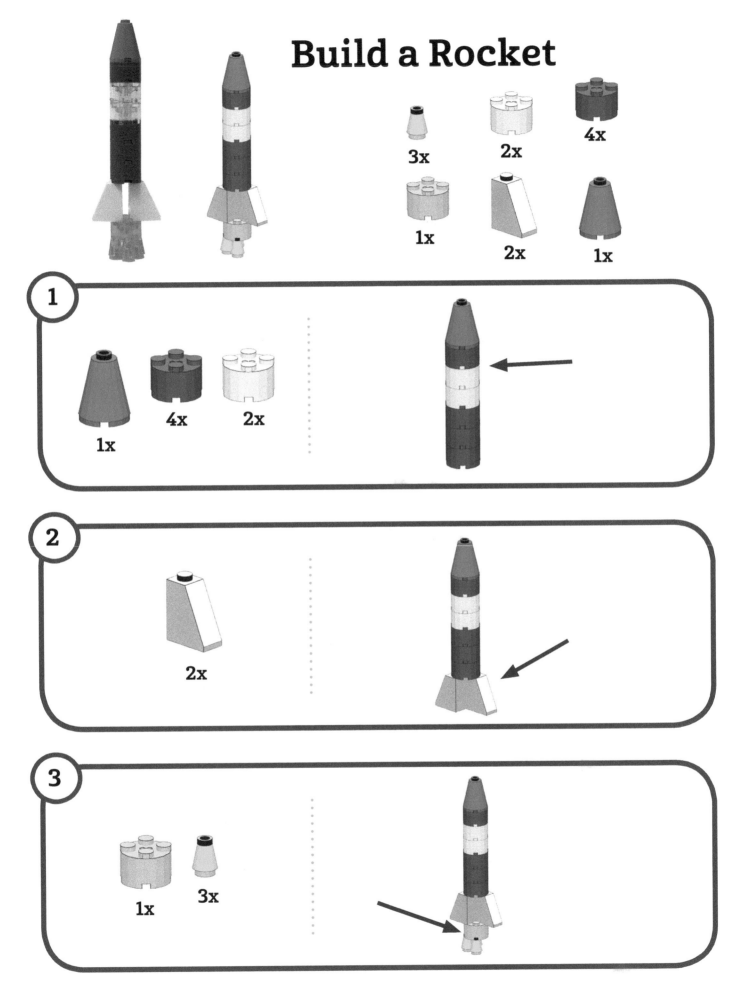

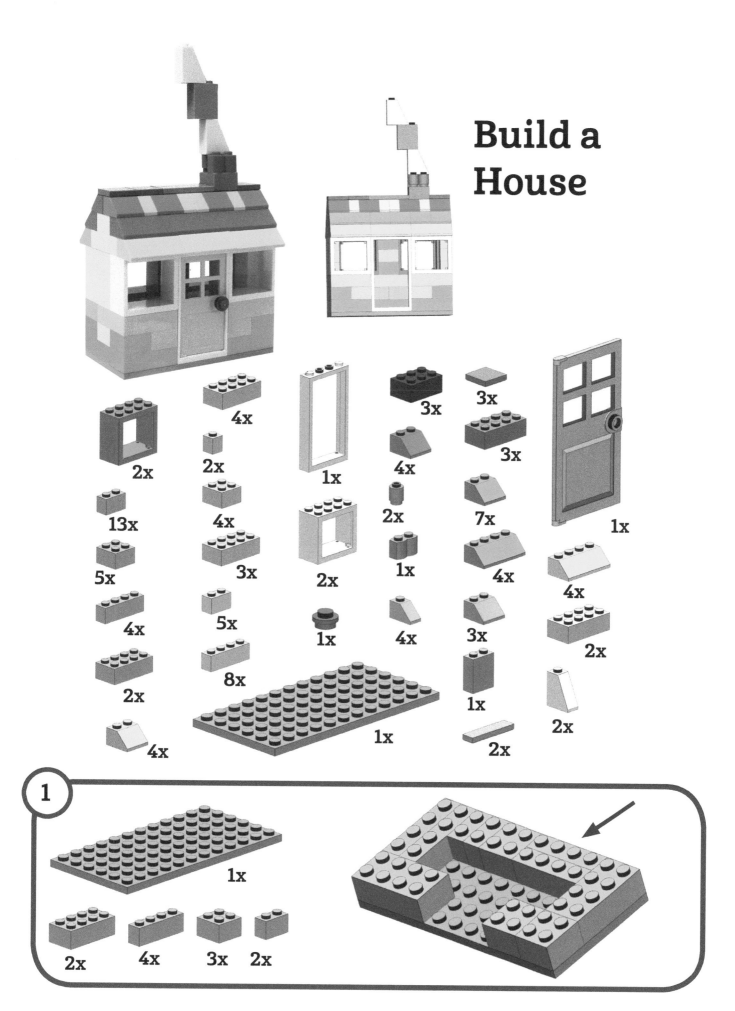

Build a House

4x

2x

2x

13x

5x

4x

2x

4x

4x

3x

5x

8x

1x

1x

2x

1x

2x

1x

4x

3x

7x

4x

3x

1x

2x

3x

3x

1x

4x

4x

2x

1x

2x

1x

2x

1

1x

2x   4x   3x   2x

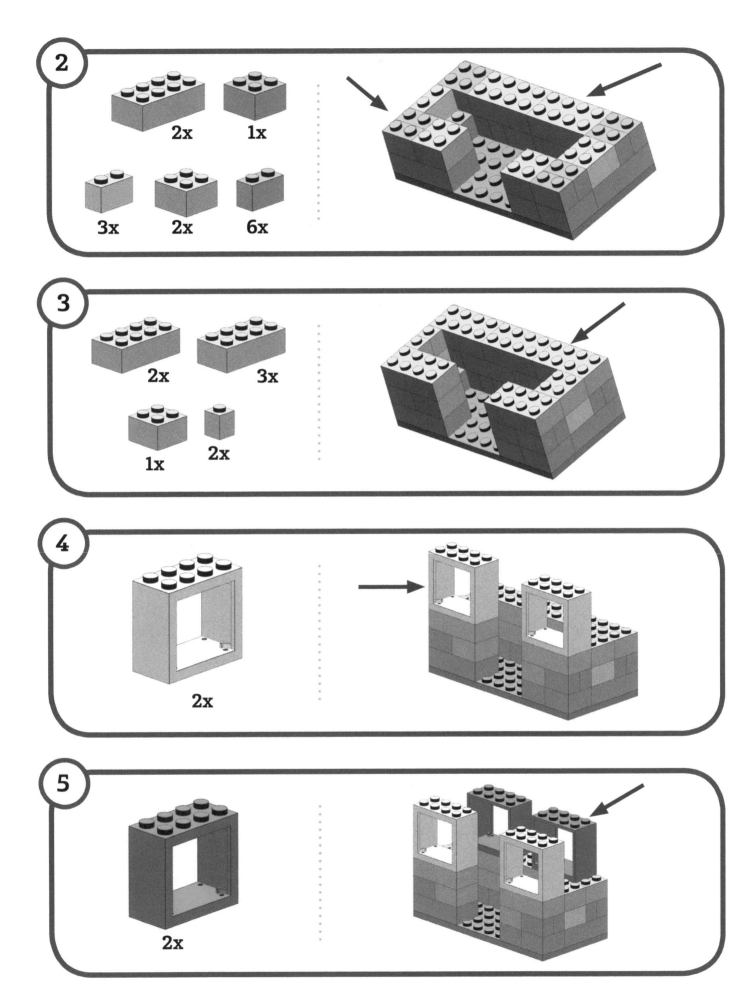

2

2x 1x

3x 2x 6x

3

2x 3x

1x 2x

4

2x

5

2x

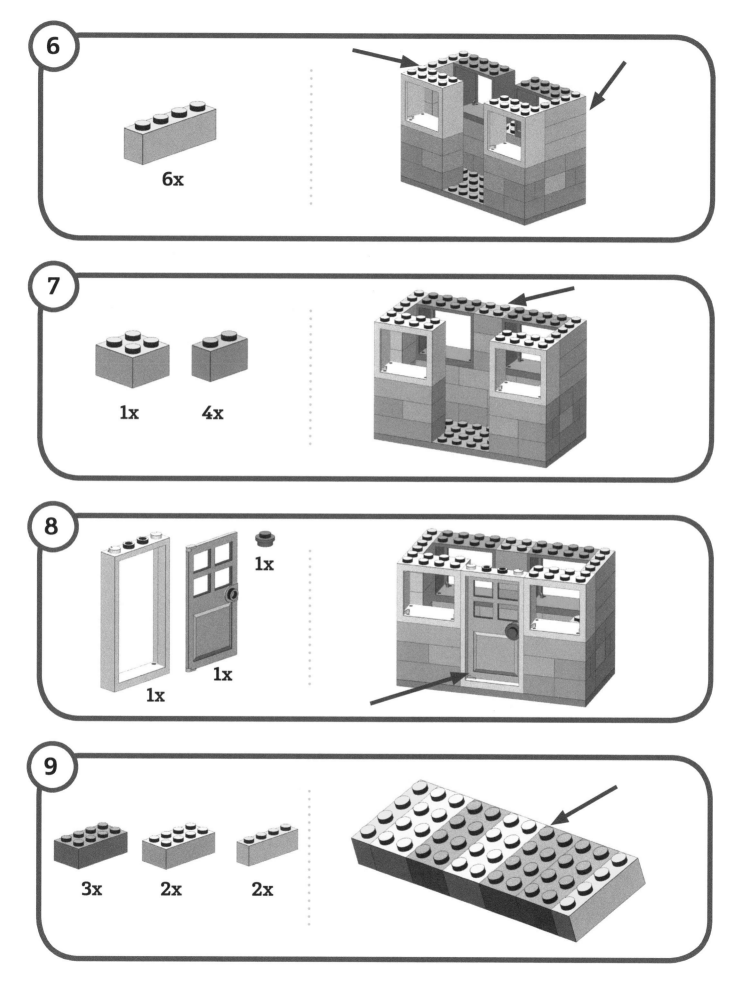

6

6x

7

1x 4x

8

1x

1x 1x

9

3x 2x 2x

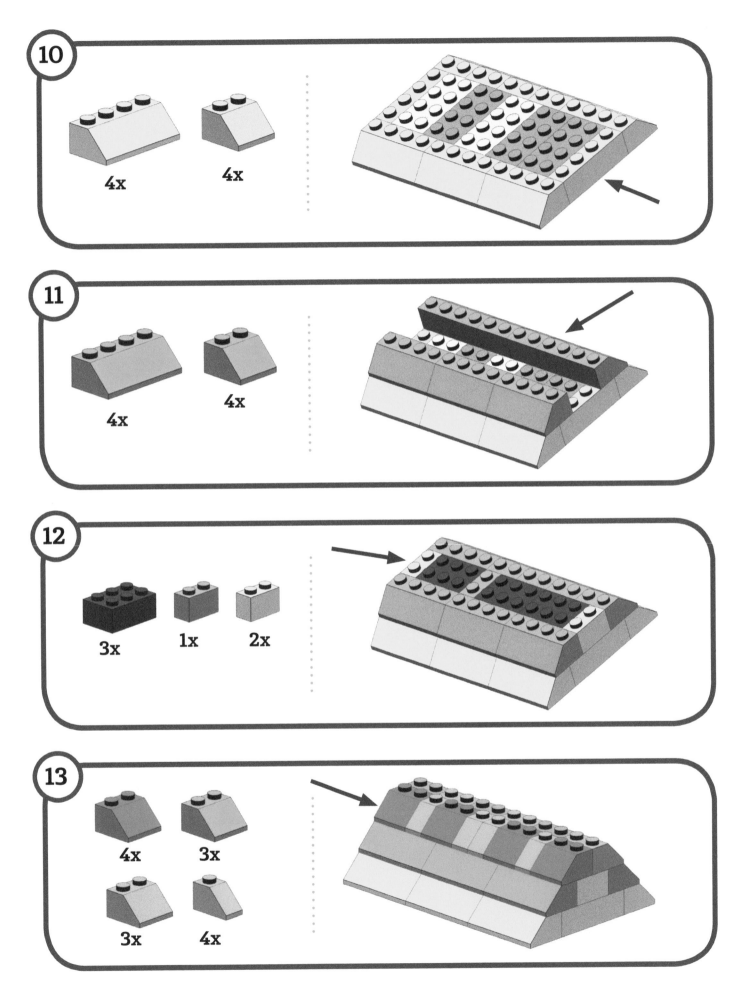

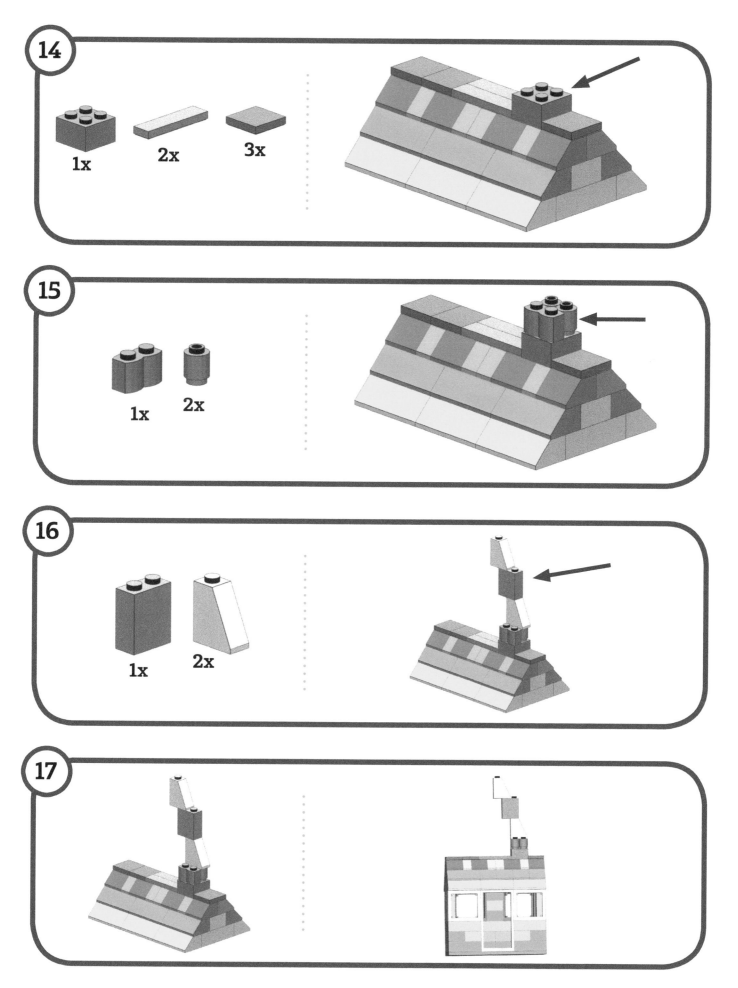

Build a
Helicopter

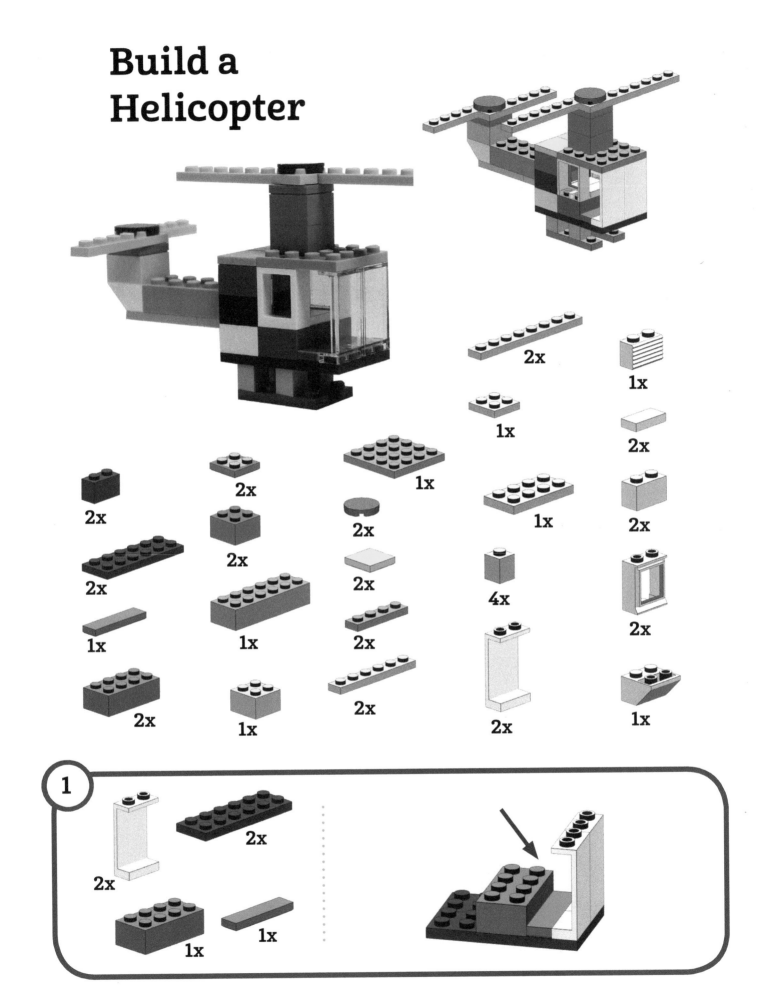

2x

1x

1x

2x

2x

1x

2x

2x

2x

2x

2x

2x

2x

1x

4x

2x

2x

1x

2x

1x

2x

1x

2x

1x

1

2x

2x

1x   1x

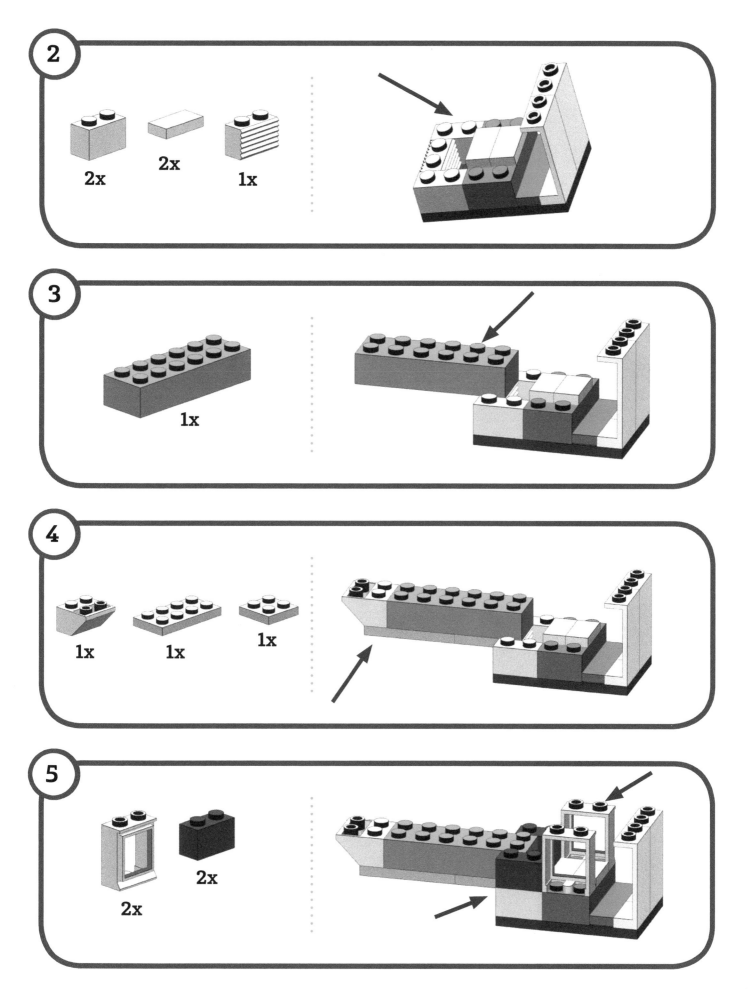

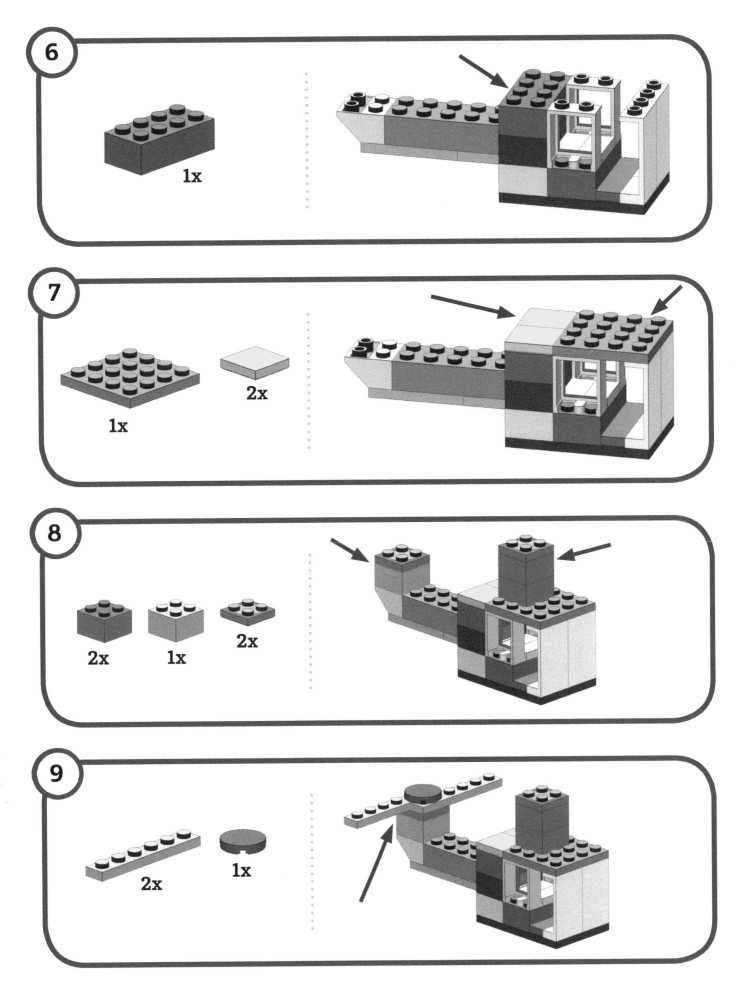

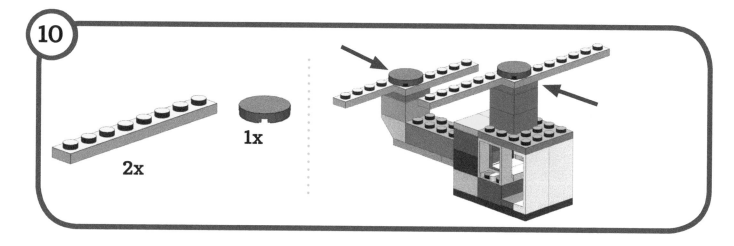

10

2x   1x

11

2x   4x

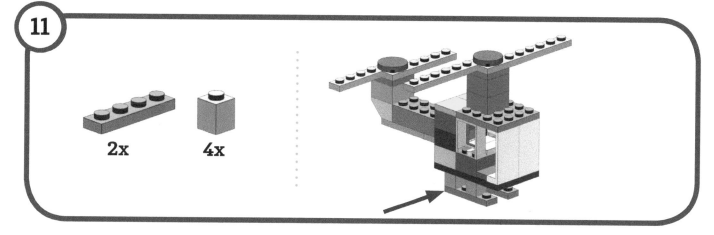

Build an SUV

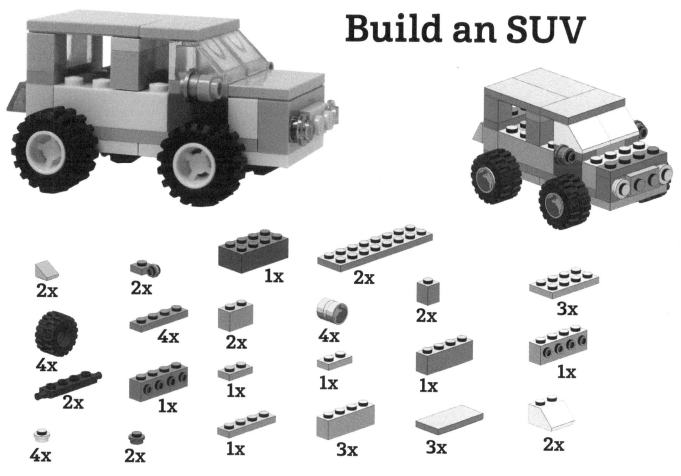

2x   2x   1x   2x   2x   3x

4x   4x   2x   4x   1x   1x

2x   1x   1x   1x   1x

4x   2x   1x   3x   3x   2x

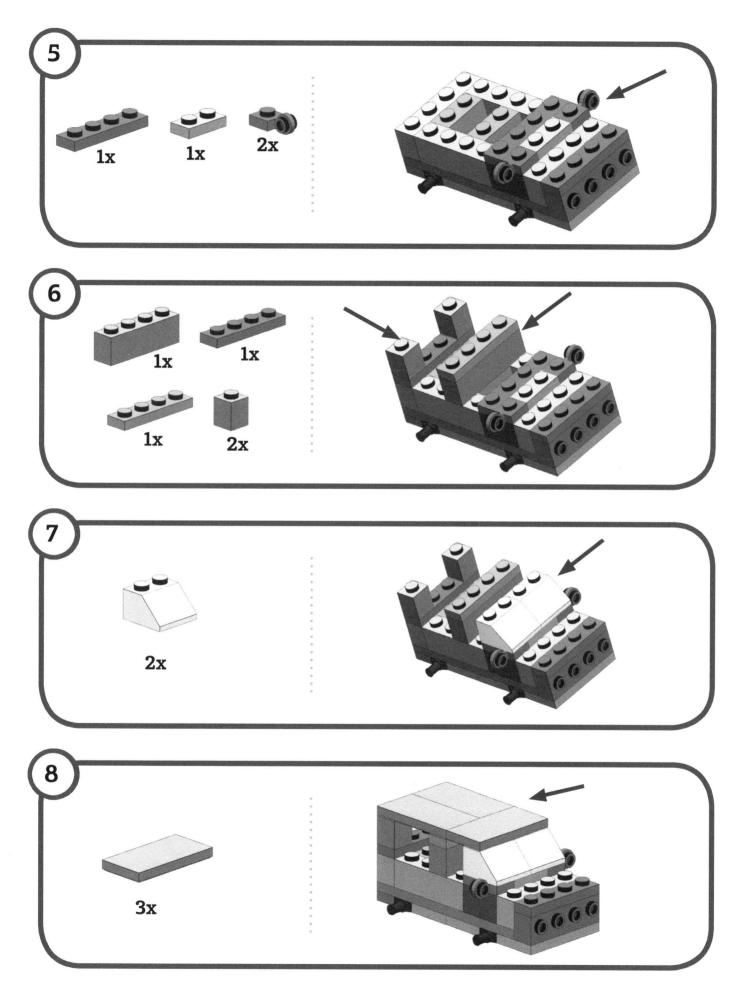

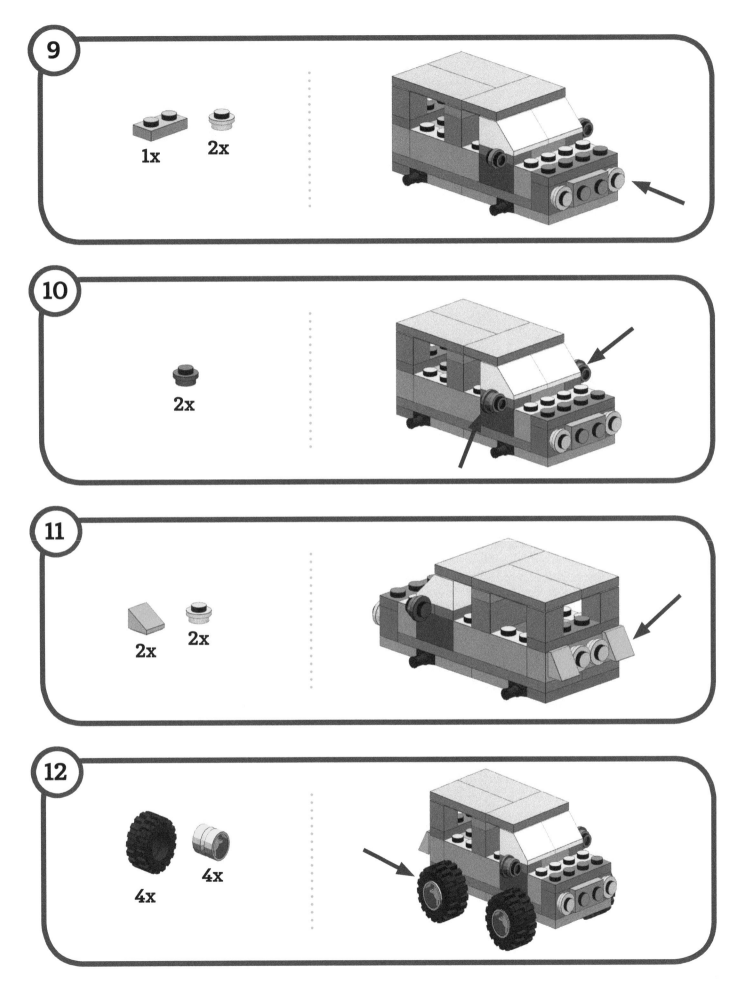

Build a Sailboat

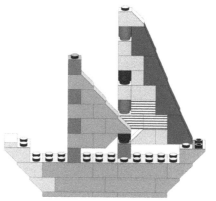

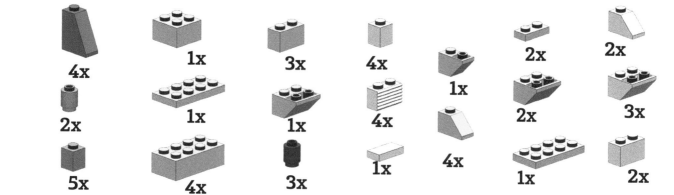

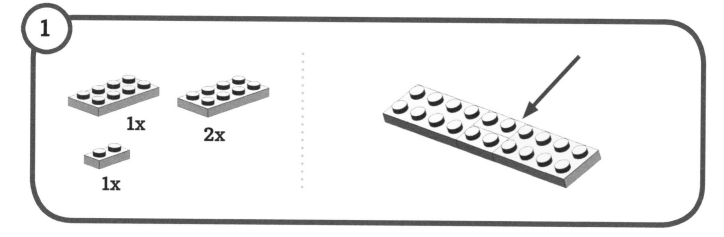

1

1x
2x
1x

2

1x
1x

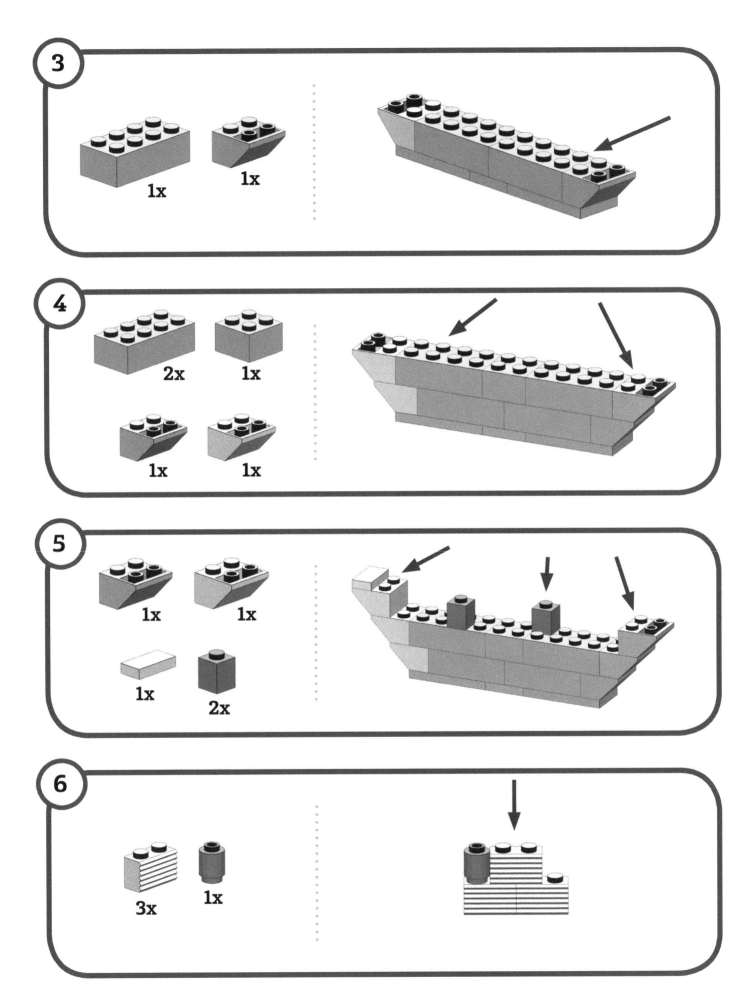

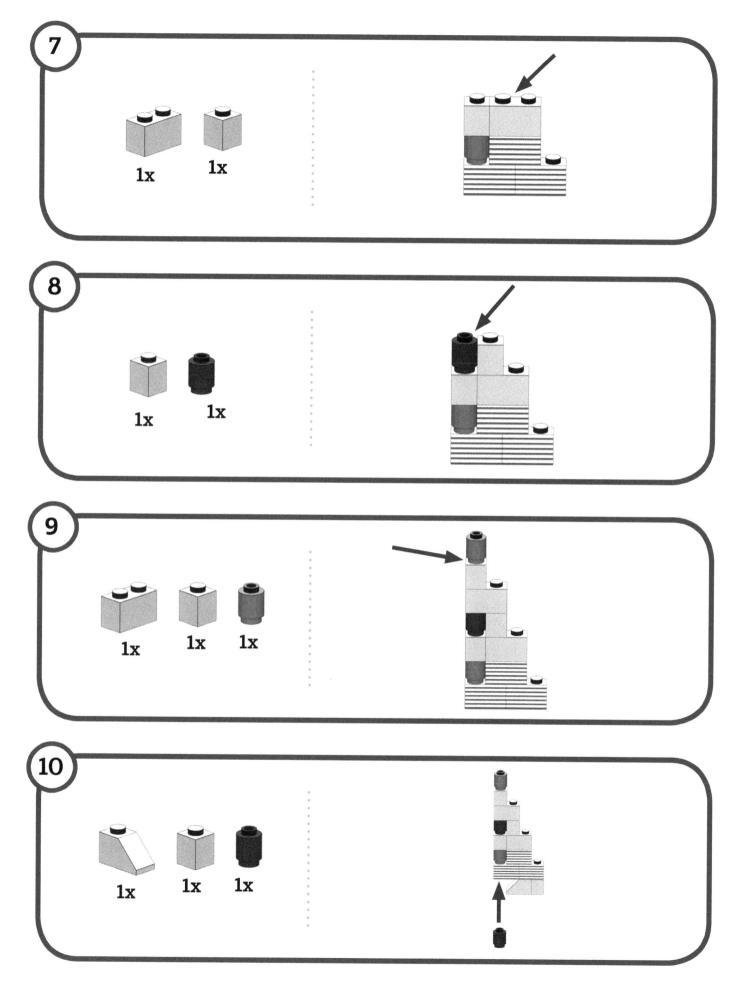

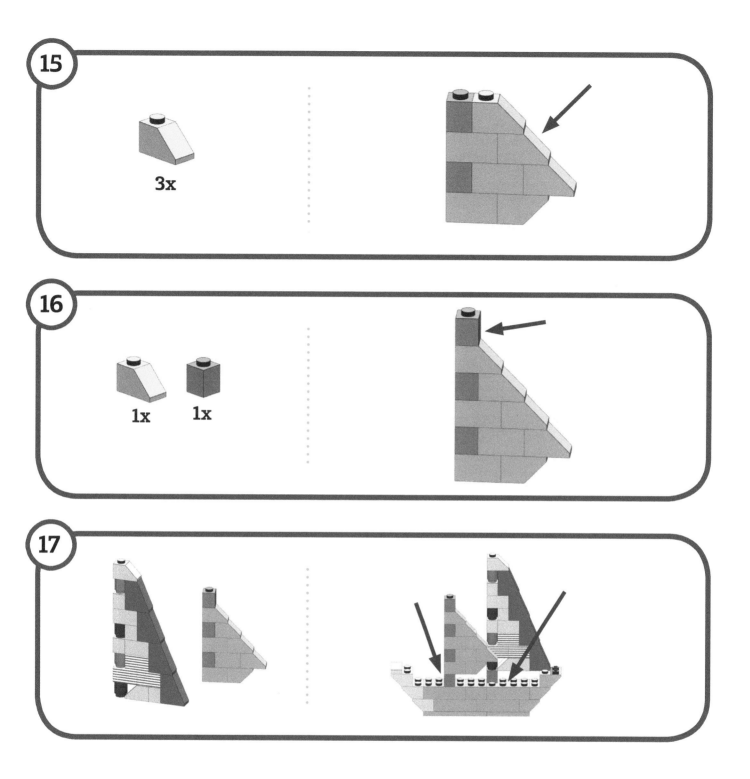

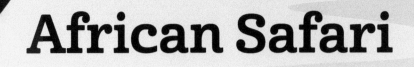

African Safari

Giraffe

Tiger

Elephant

Rhino

Build a Rhino

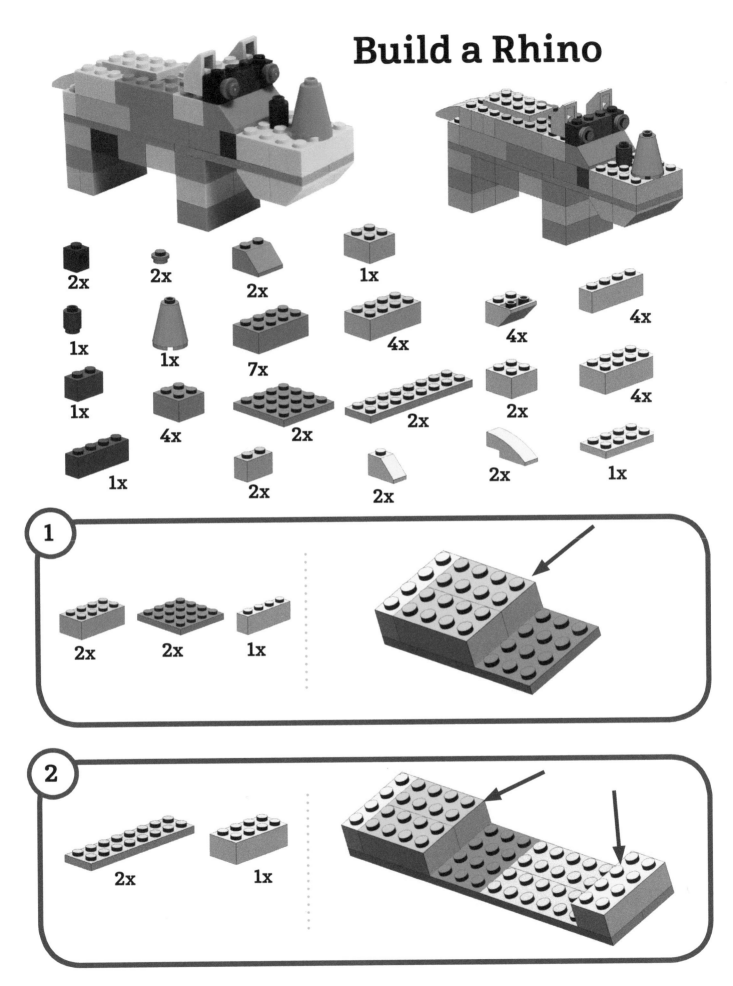

1

2x 2x 1x

2

2x 1x

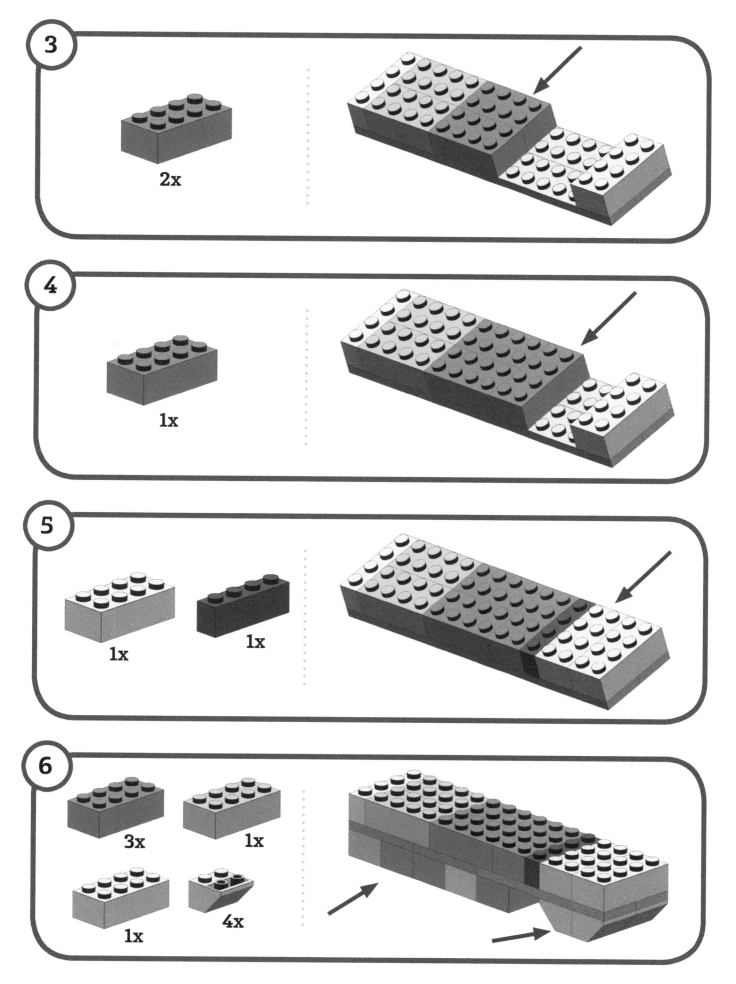

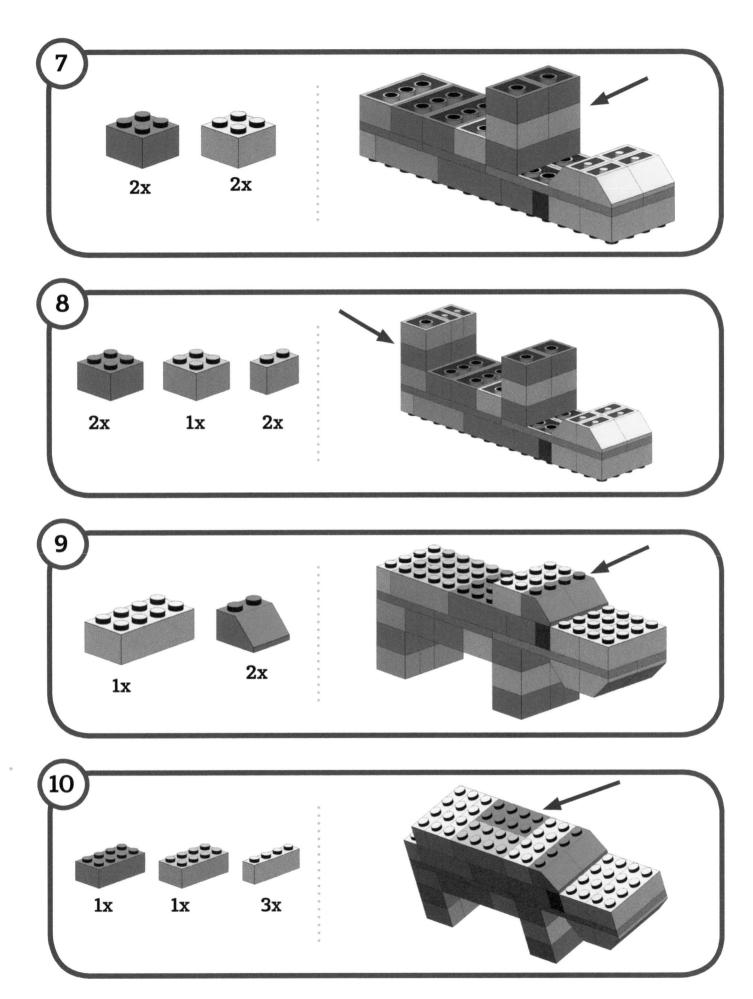

7

2x   2x

8

2x   1x   2x

9

1x   2x

10

1x   1x   3x

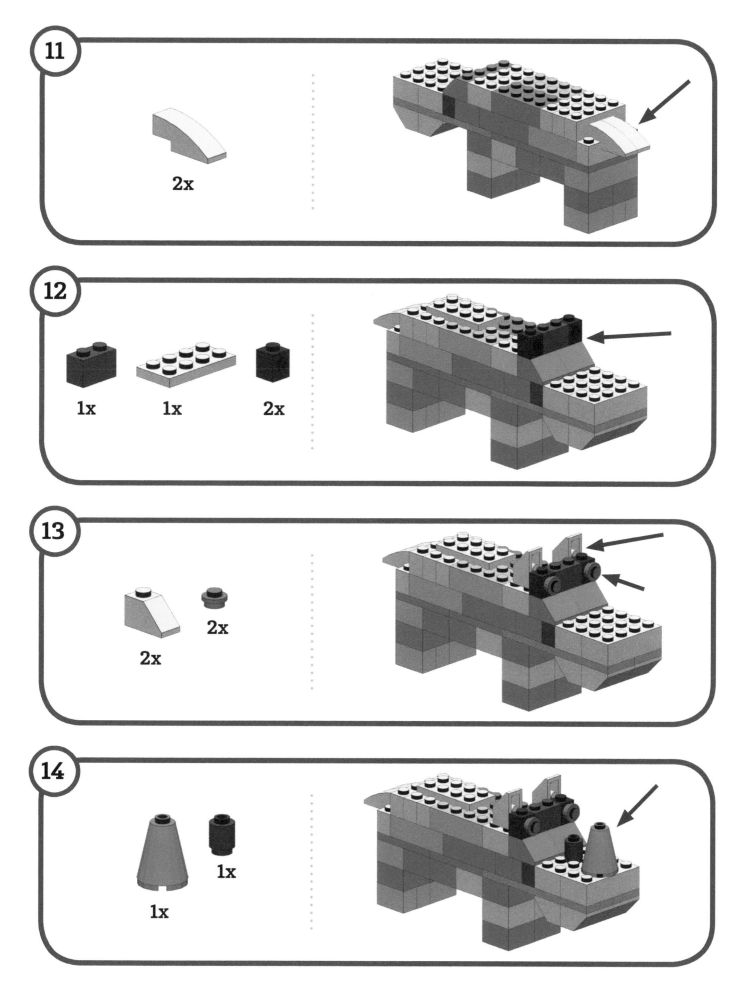

Build an Elephant

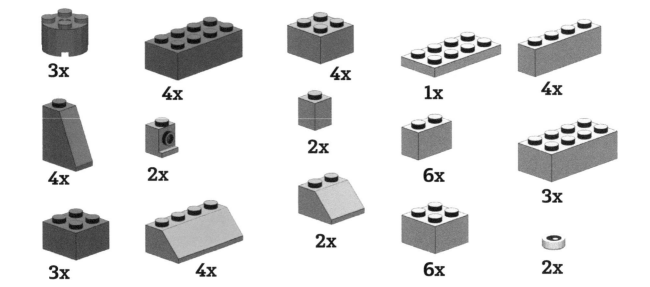

3x	4x	4x	1x	4x
4x	2x	2x	6x	3x
3x	4x	2x	6x	2x

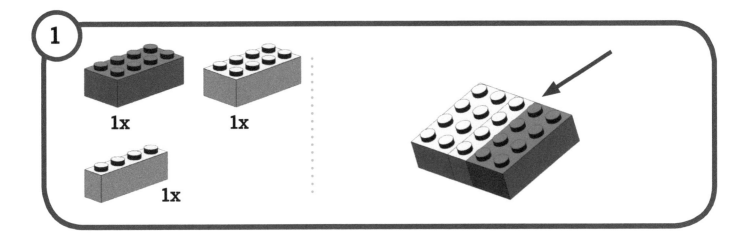

1

1x　　1x

1x

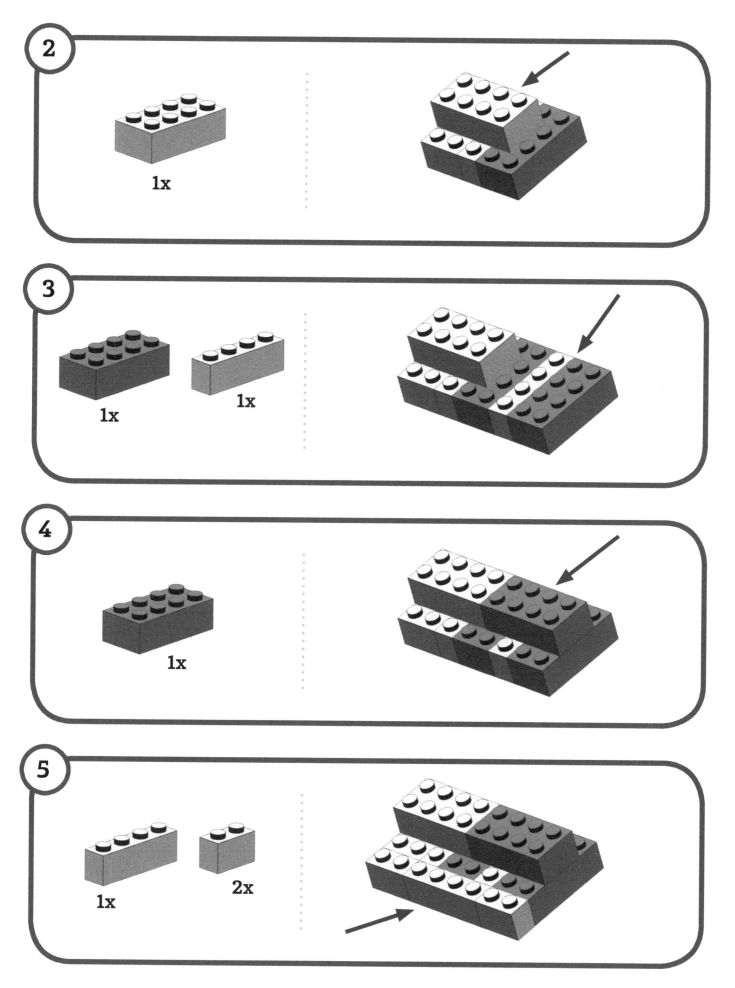

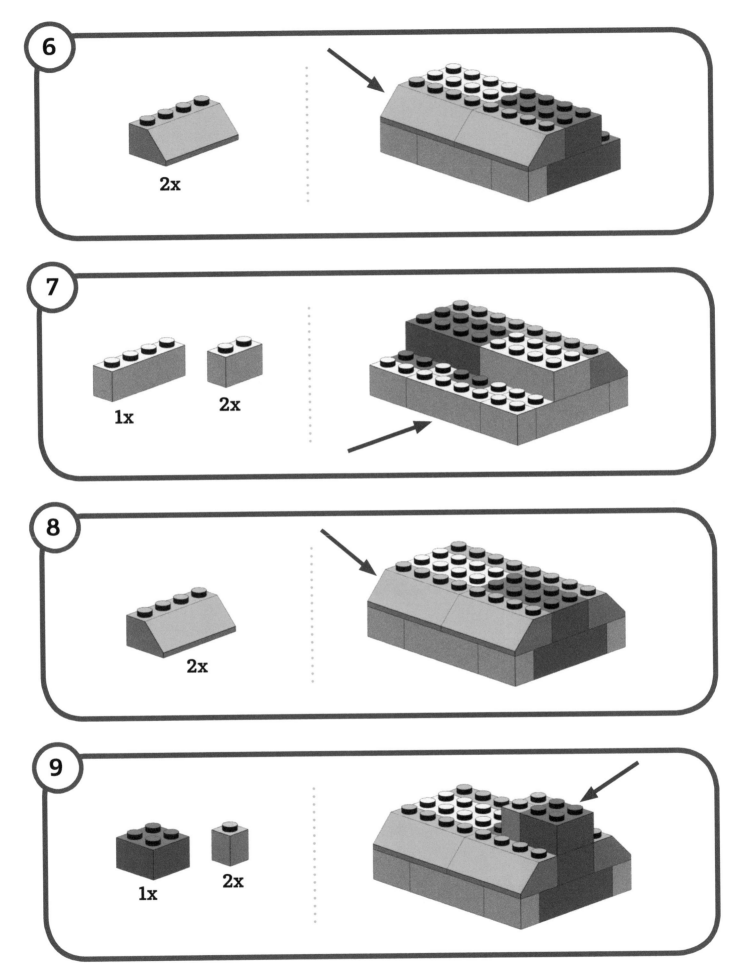

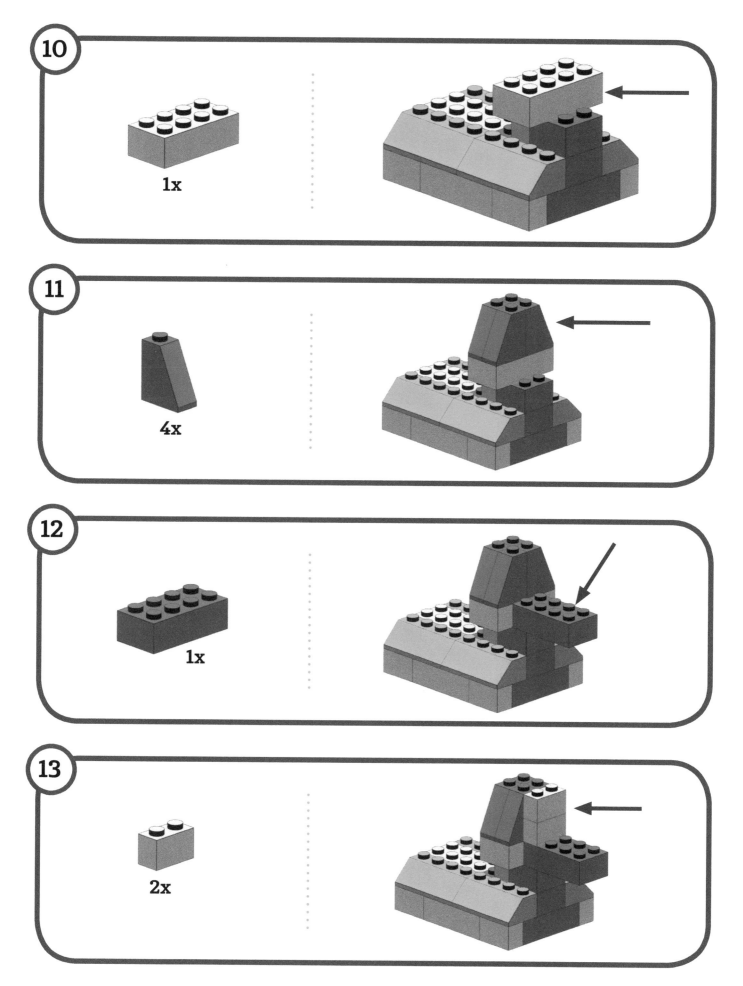

10

1x

11

4x

12

1x

13

2x

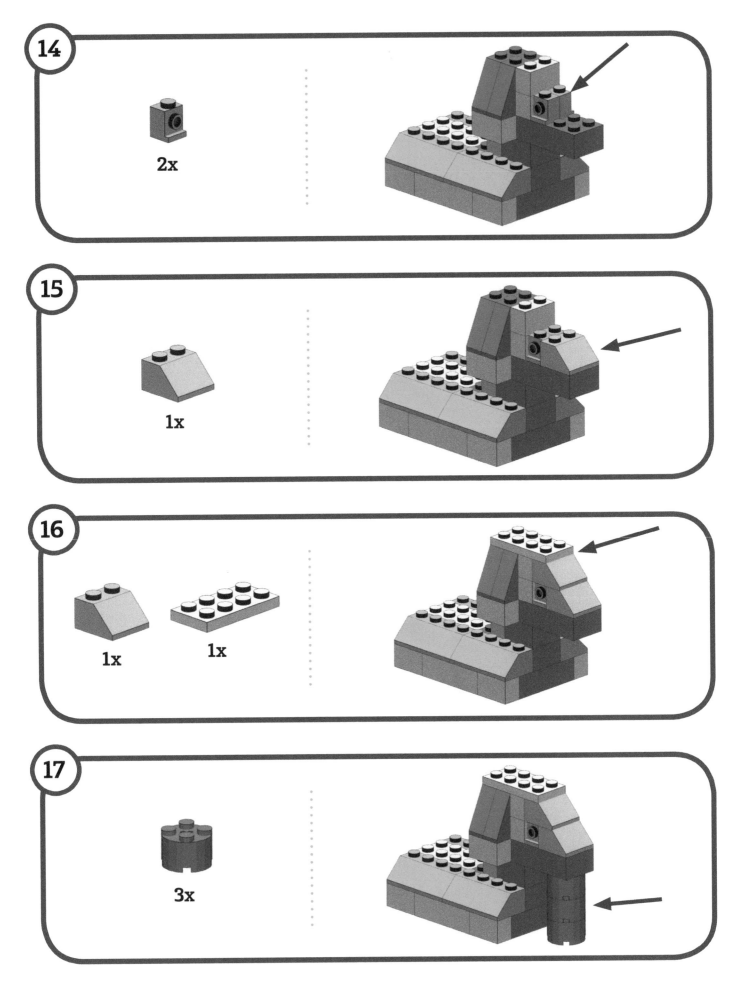

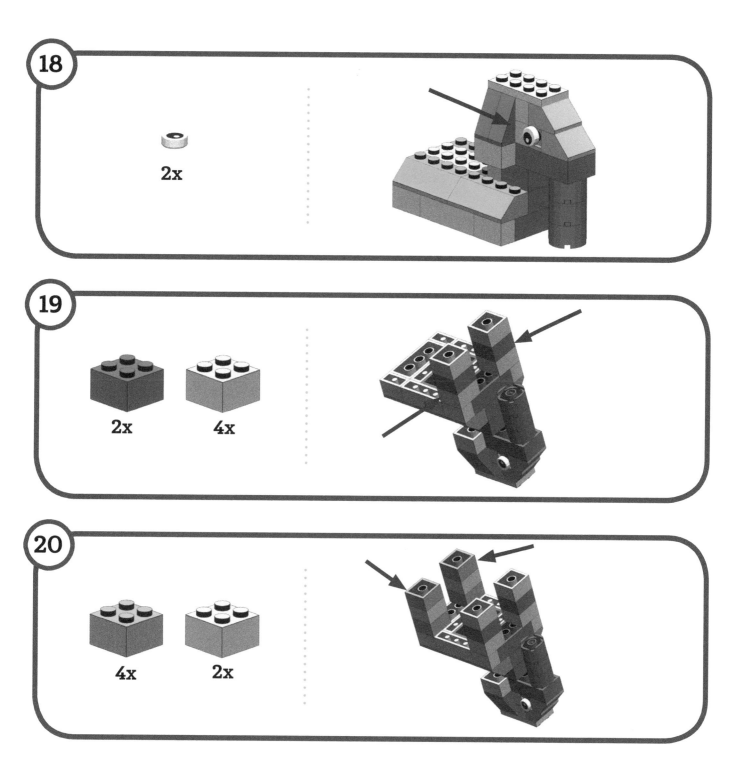

Build a Giraffe

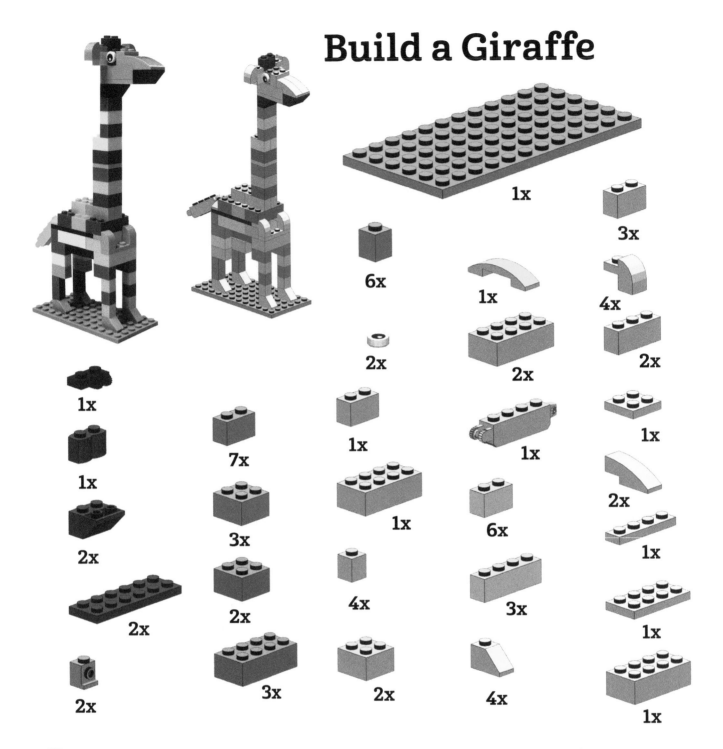

1x

6x

2x

1x

3x

1x

4x

2x

2x

1x

1x

7x

1x

1x

2x

1x

2x

3x

1x

6x

2x

2x

2x

1x

4x

3x

1x

3x

2x

4x

1x

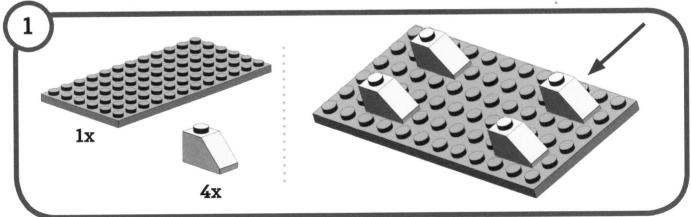

1

1x

4x

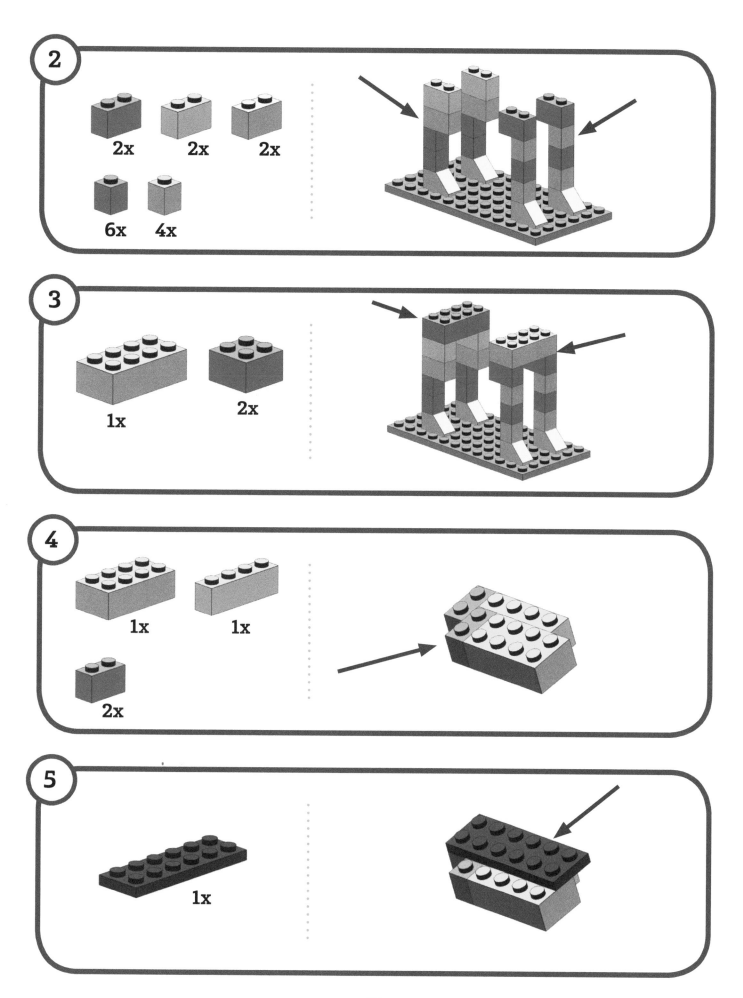

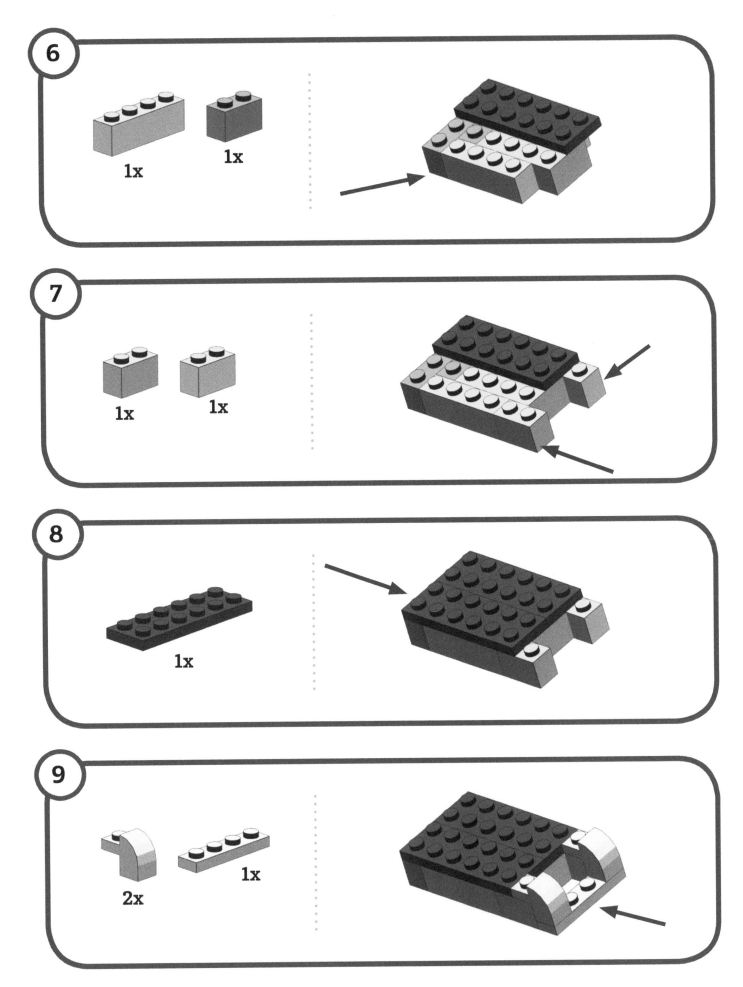

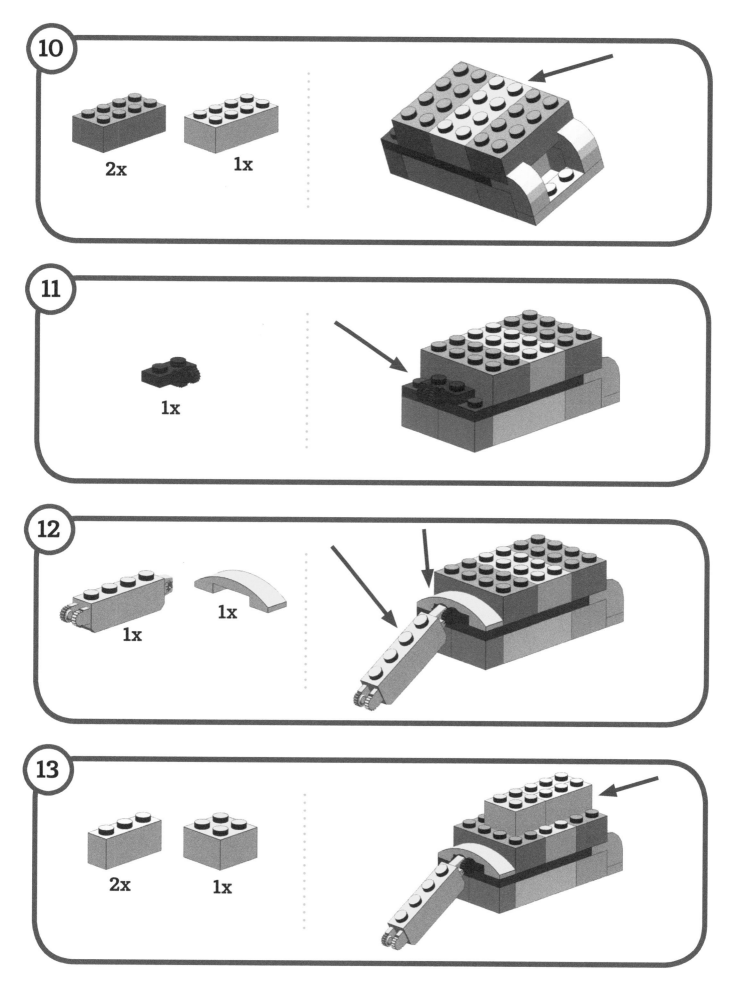

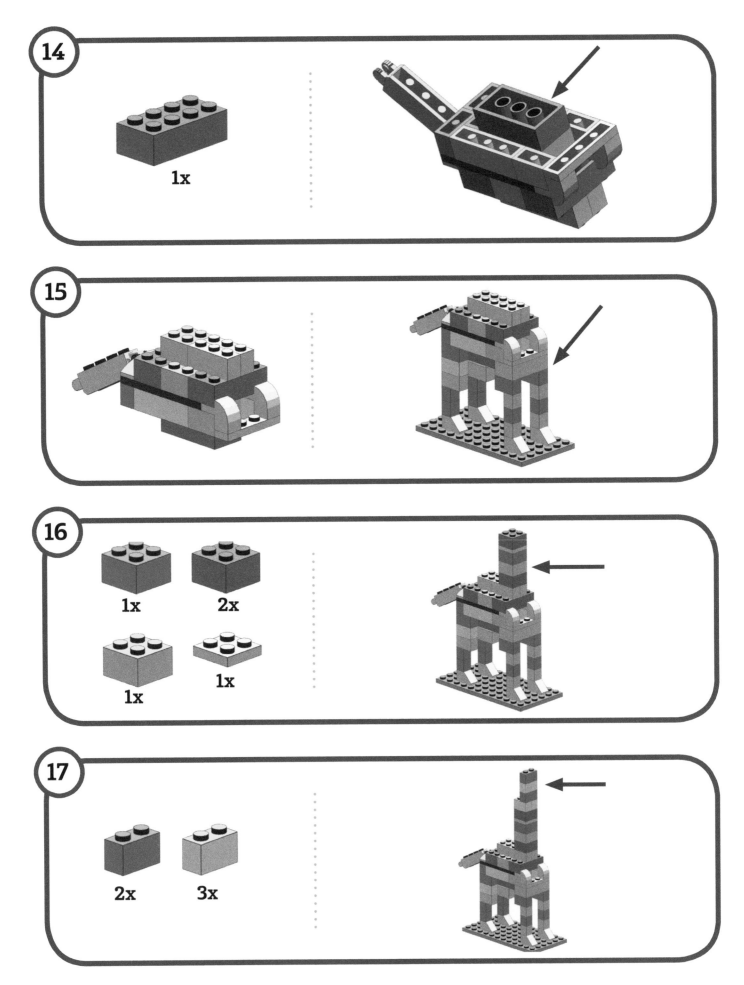

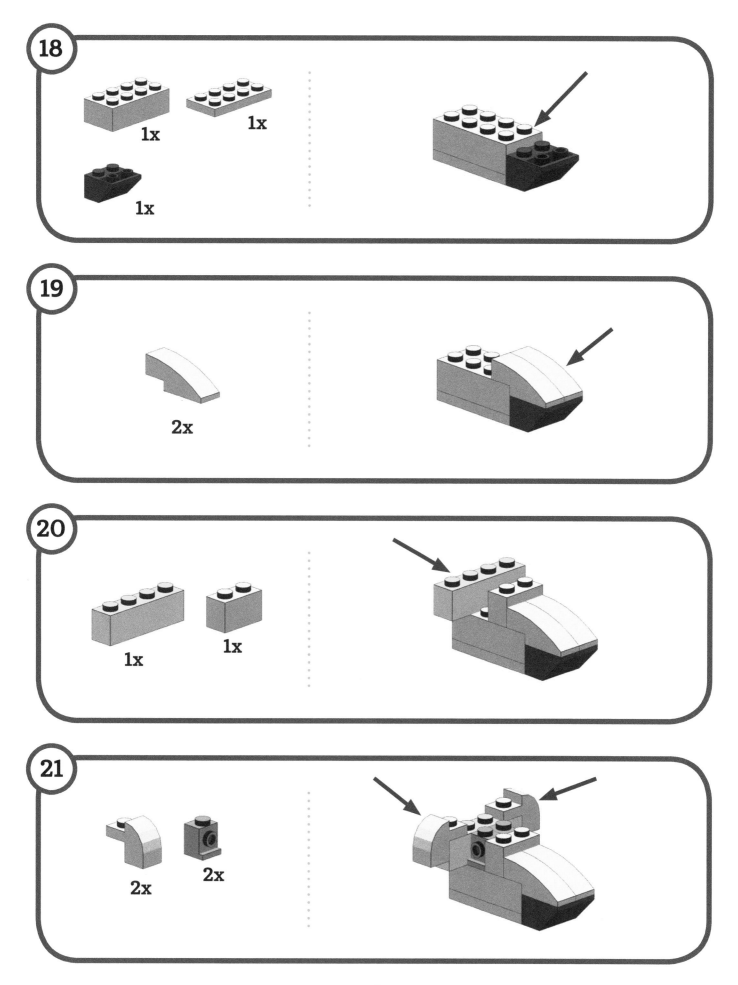

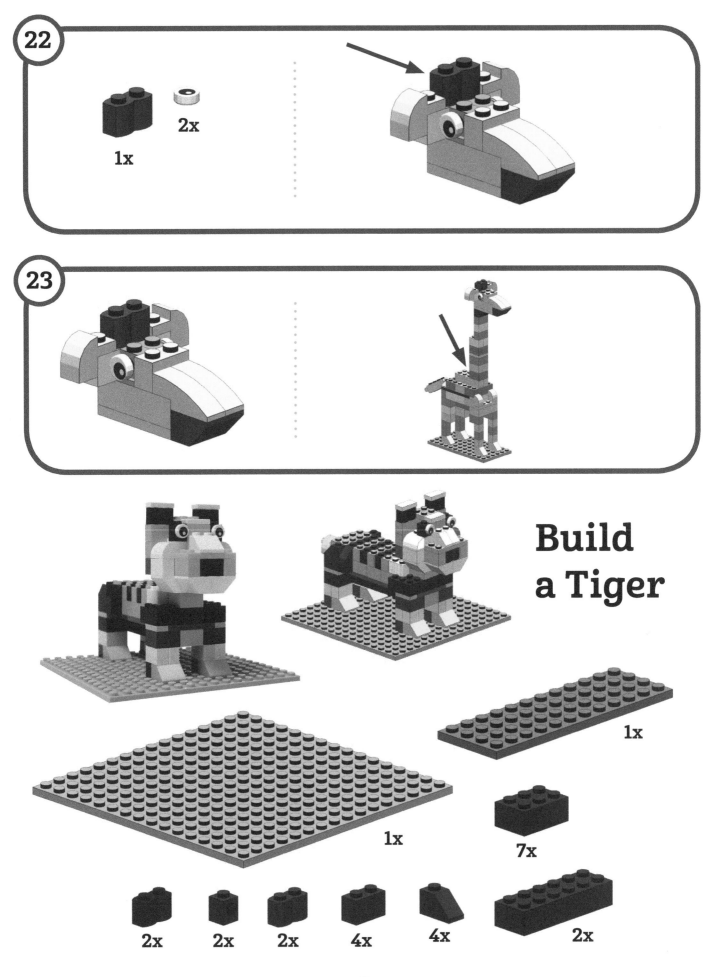

Build a Tiger

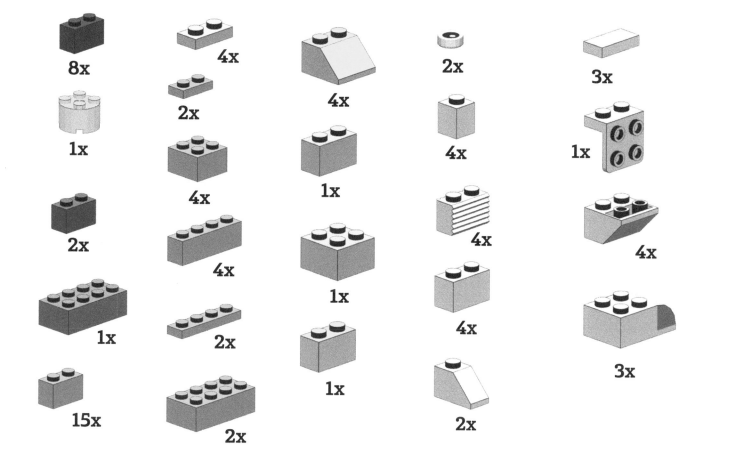

8x **4x** **4x** **2x** **3x**

1x **2x** **4x** **1x**

2x **4x** **1x** **4x** **4x**

1x **4x** **1x** **4x**

15x **2x** **1x** **2x** **3x**

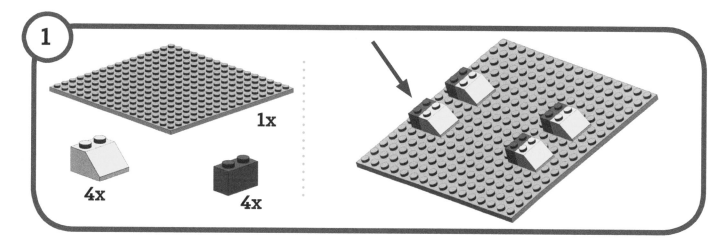

1

1x

4x

4x

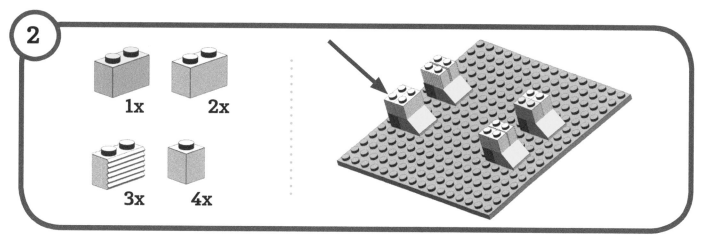

2

1x 2x

3x 4x

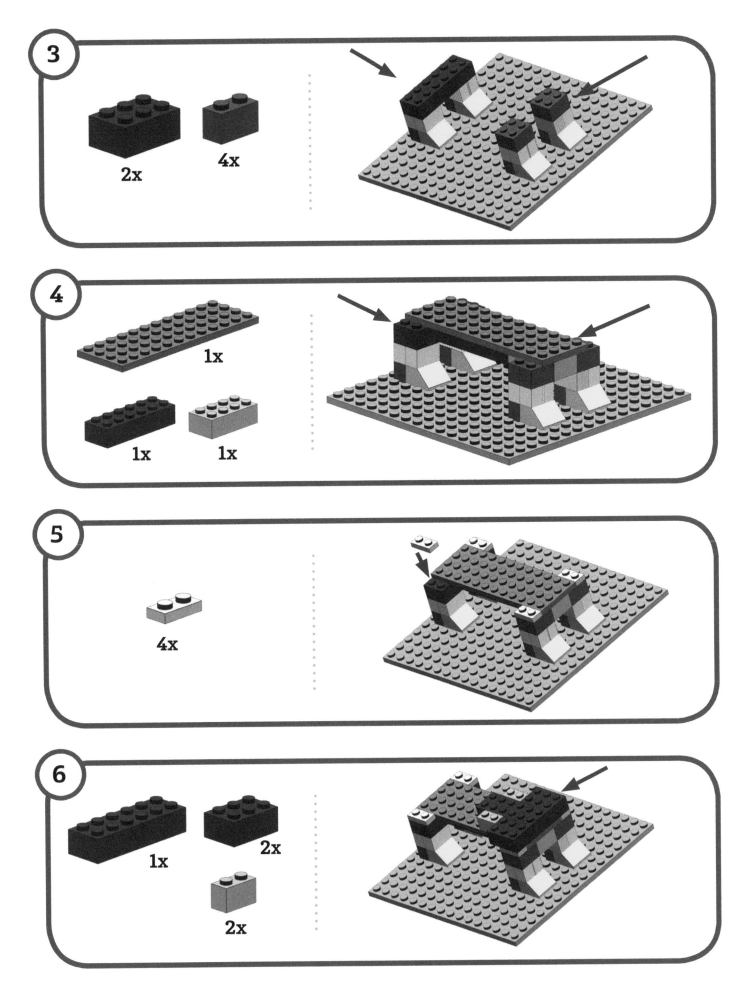

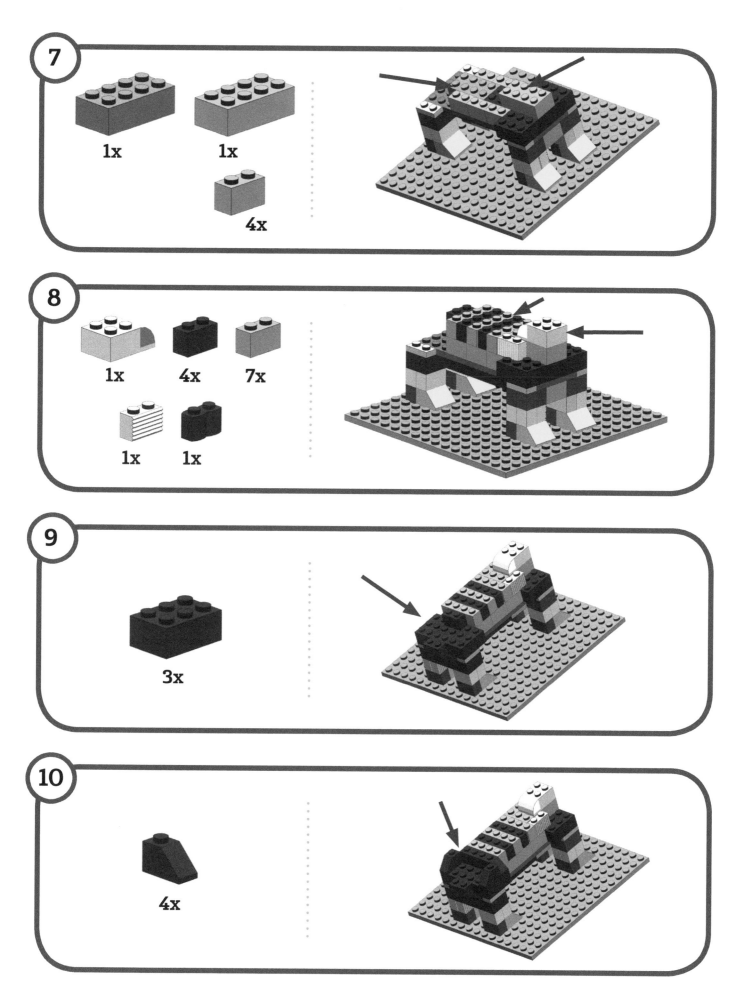

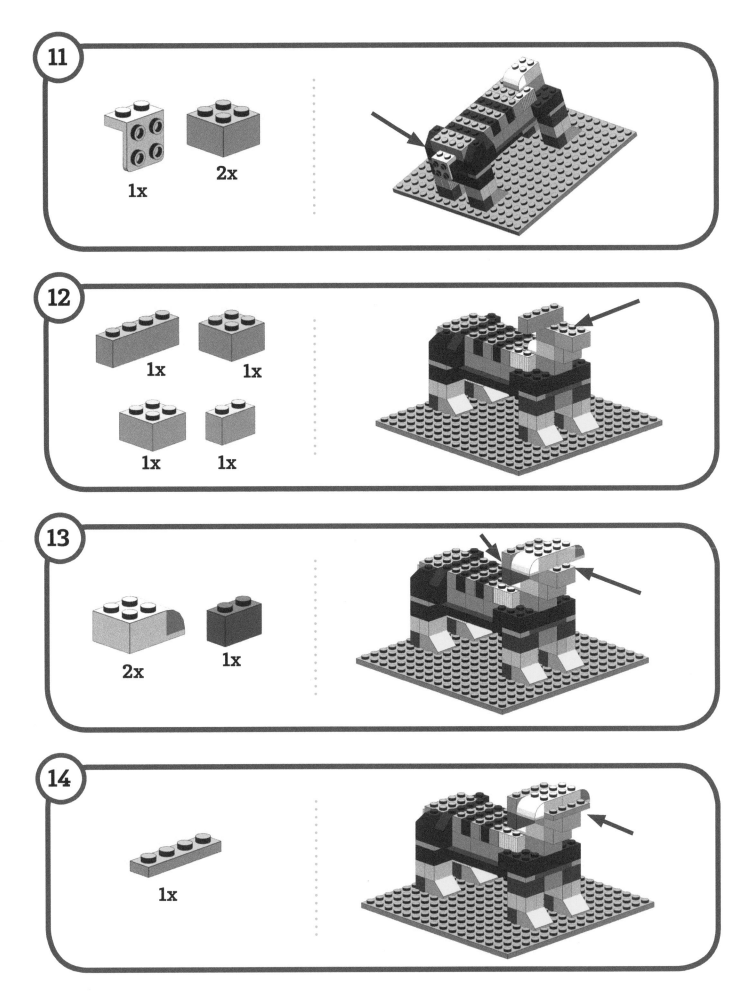

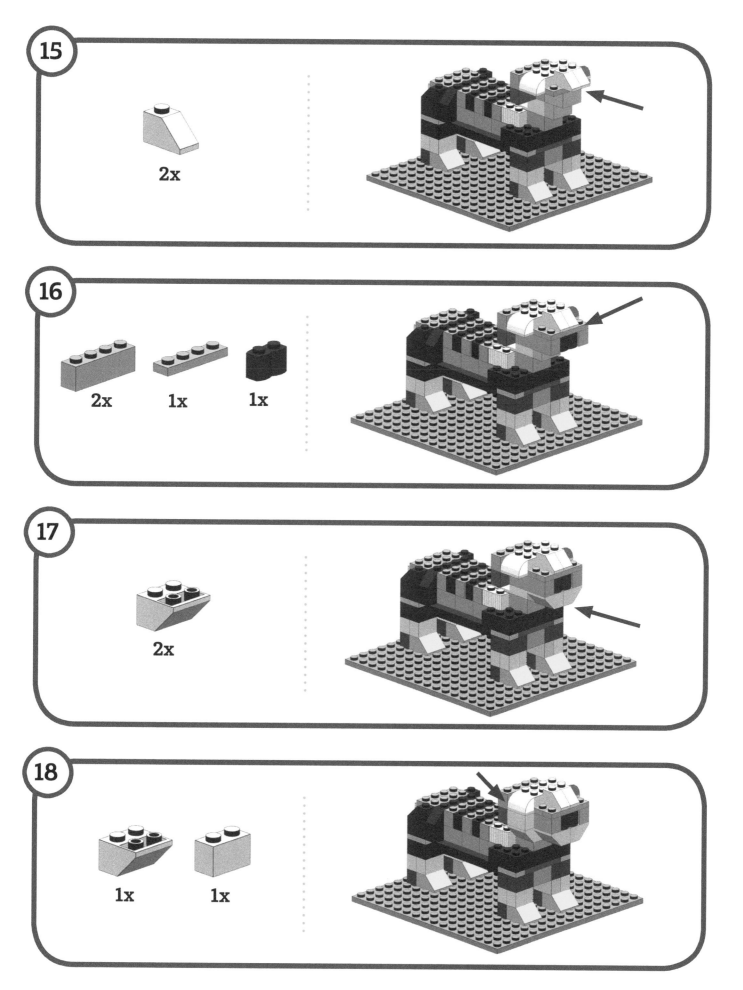

15 2x

16 2x 1x 1x

17 2x

18 1x 1x

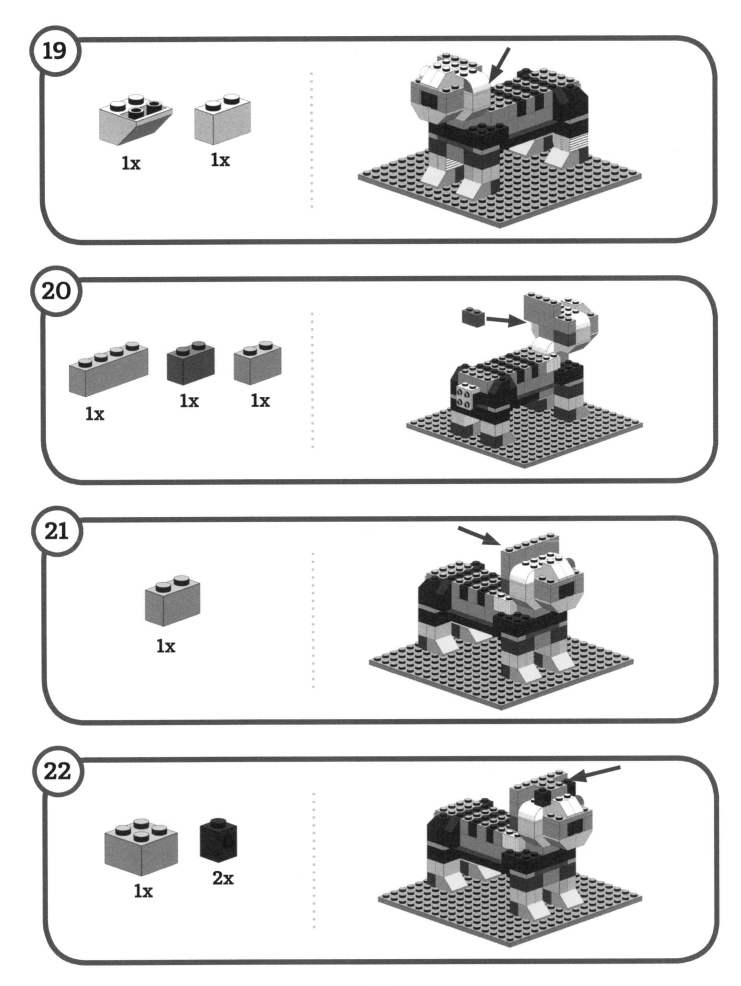

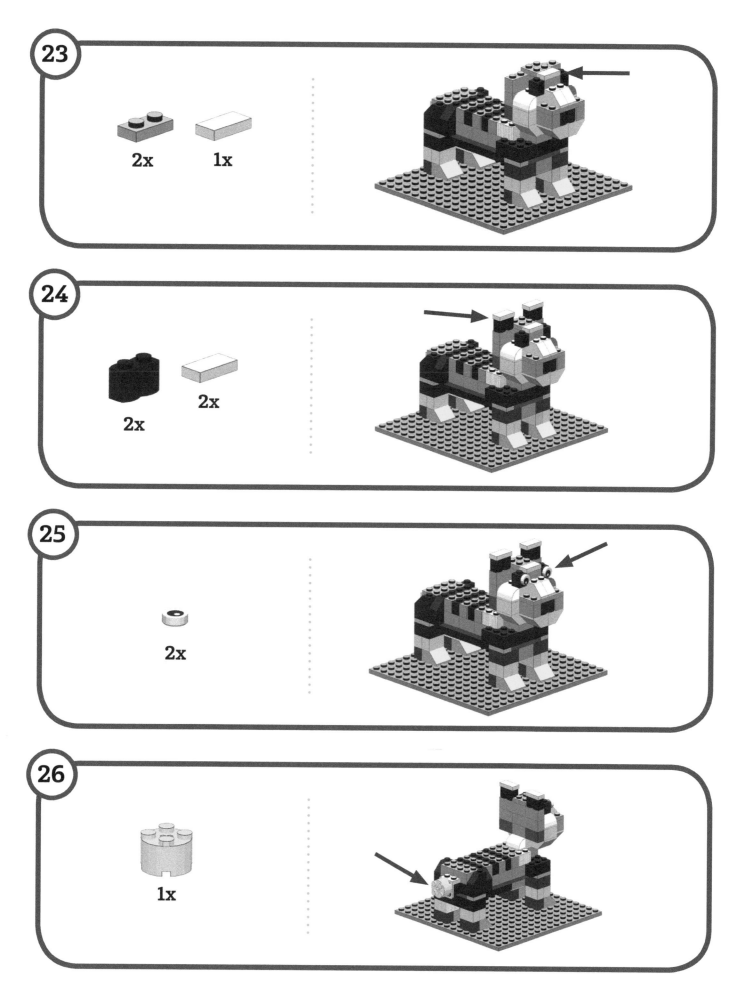

School Scene

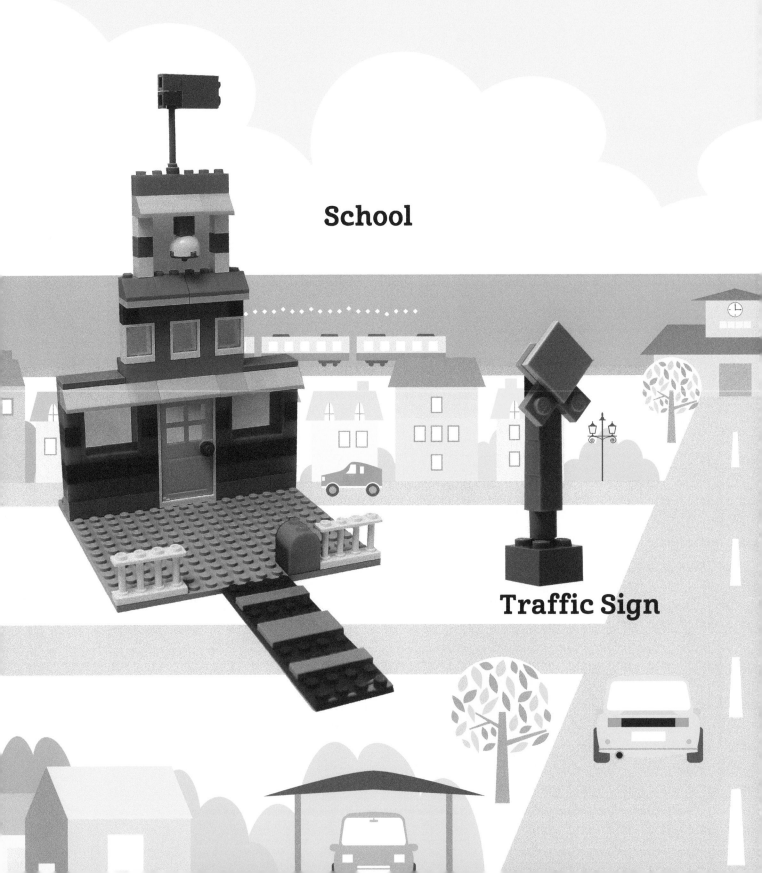

School

Traffic Sign

Traffic
Light

School Bus

Build a Traffic Light

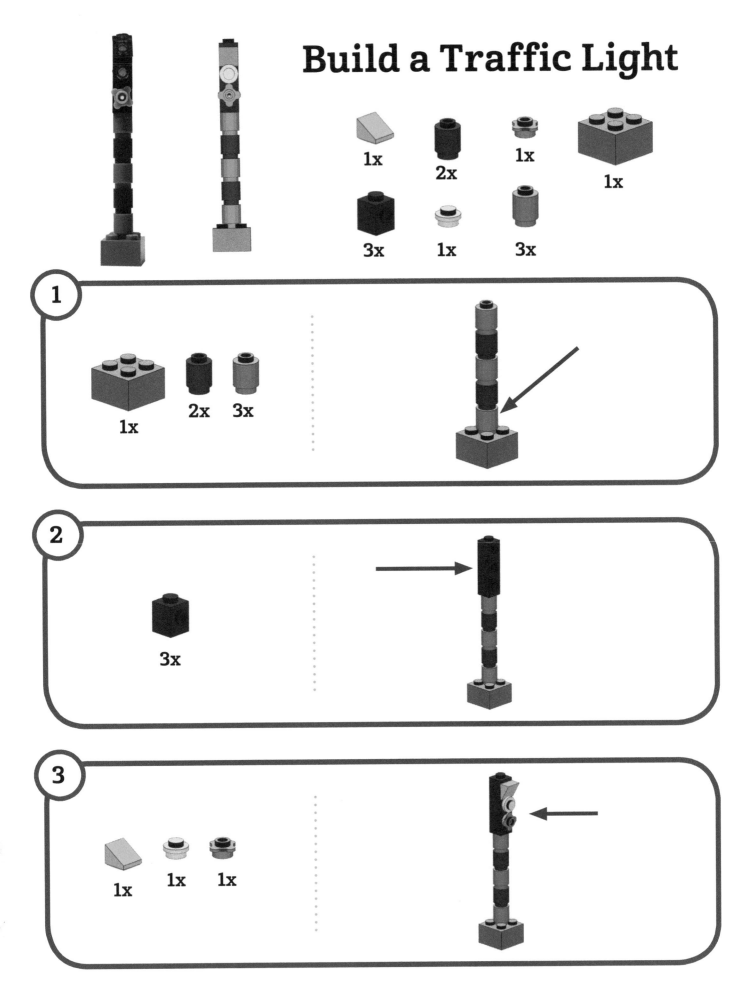

1x 2x 1x 1x

3x 1x 3x

1

1x 2x 3x

2

3x

3

1x 1x 1x

Build a School Bus

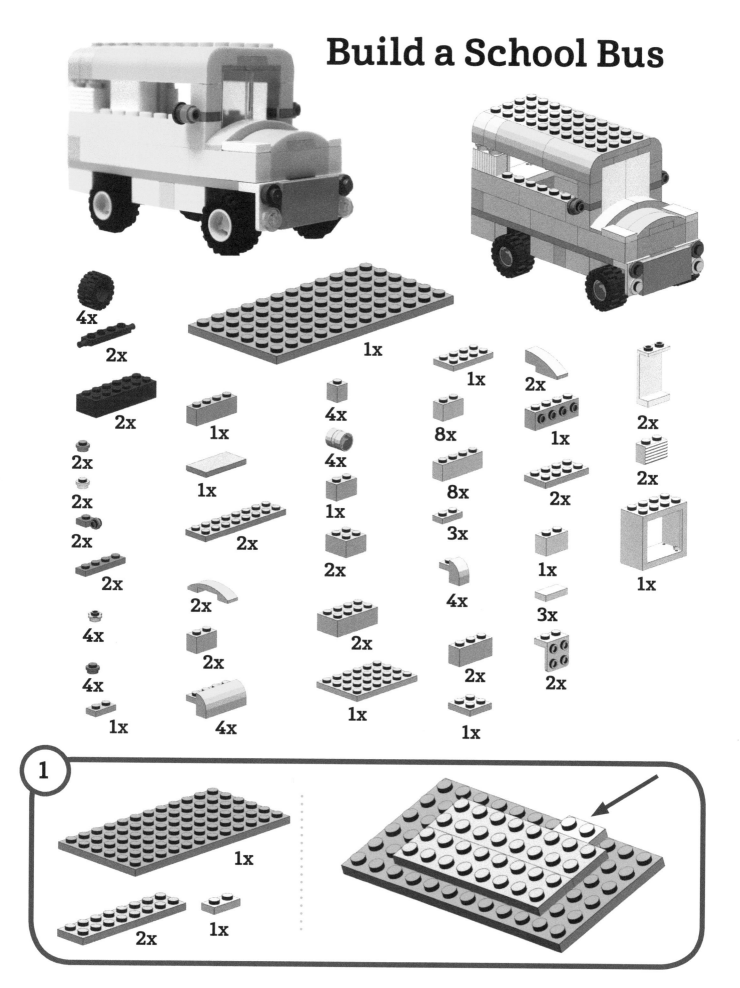

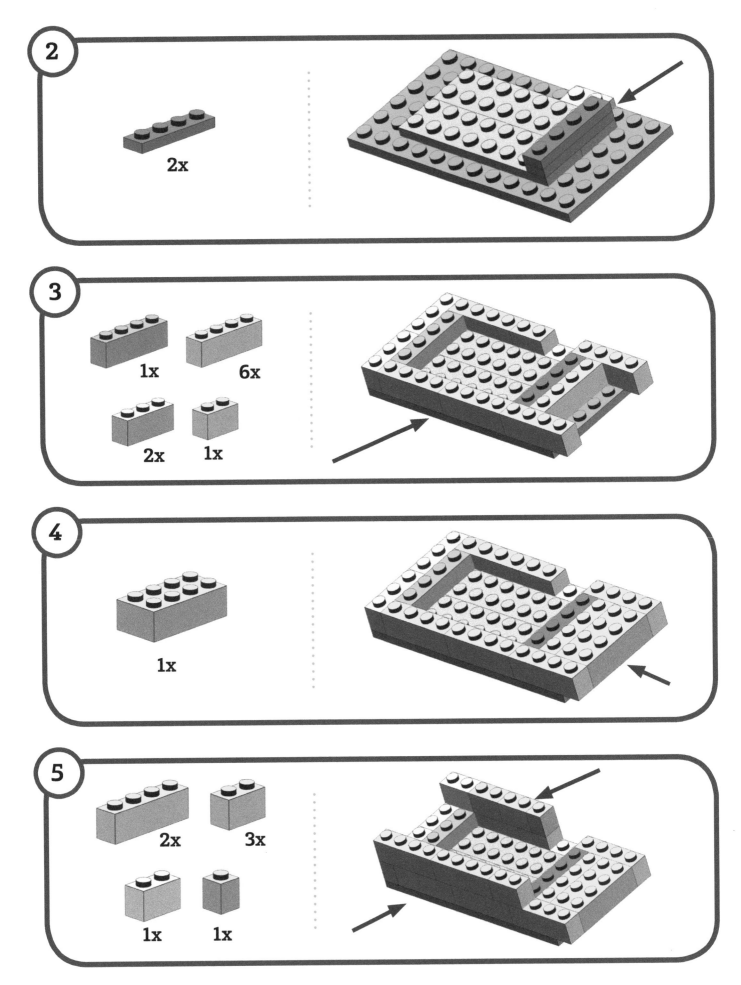

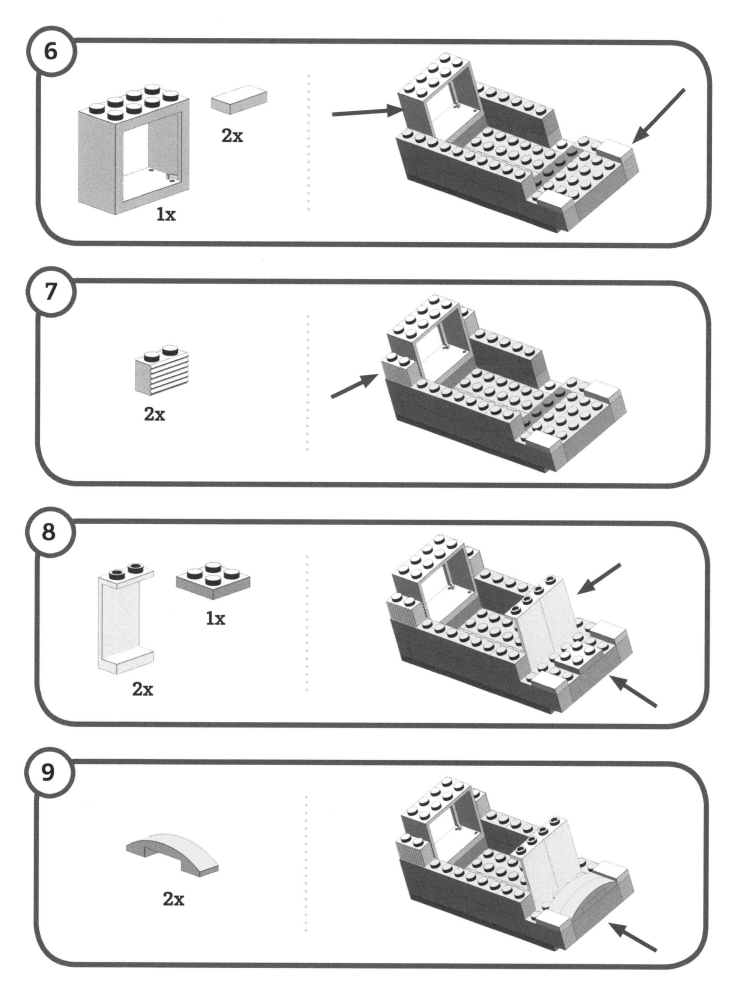

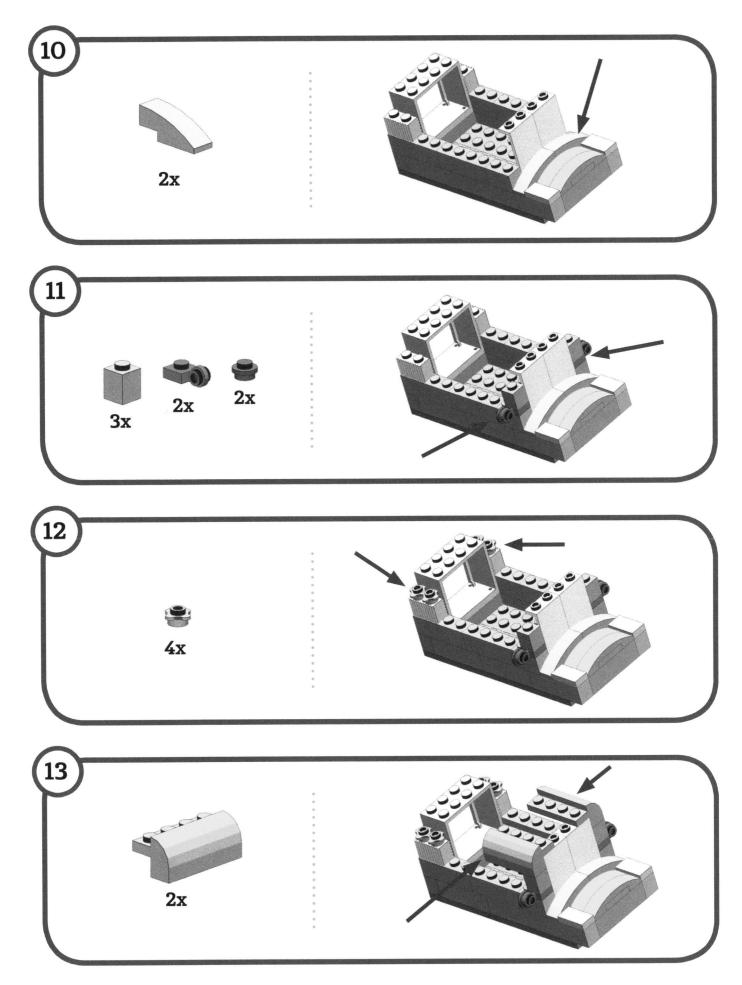

10 2x

11 3x 2x 2x

12 4x

13 2x

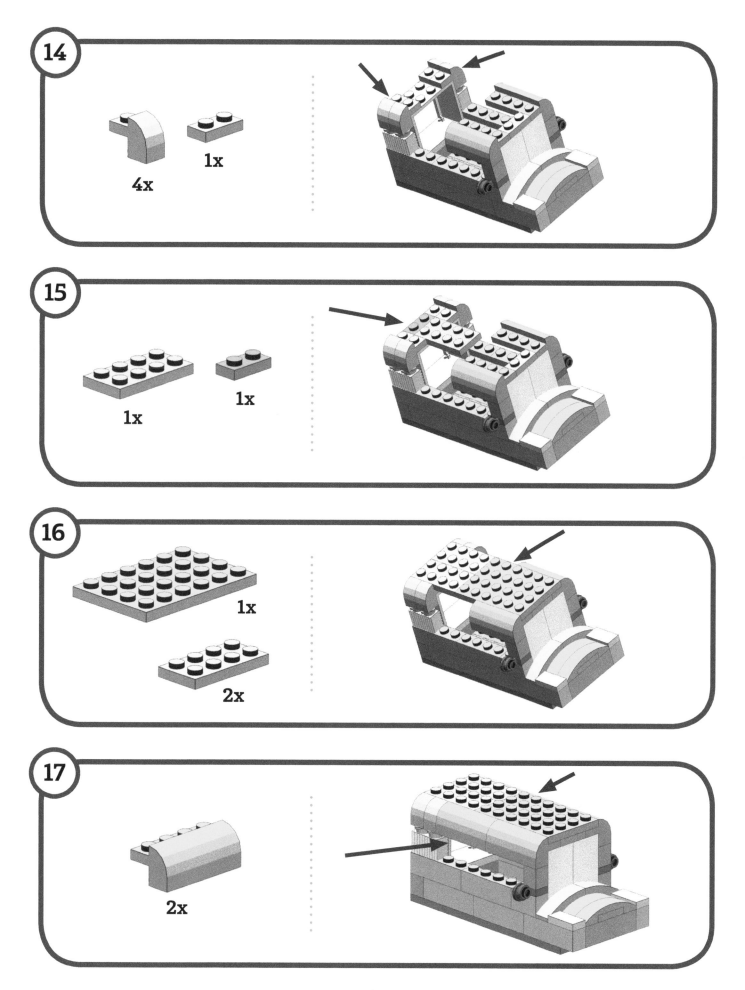

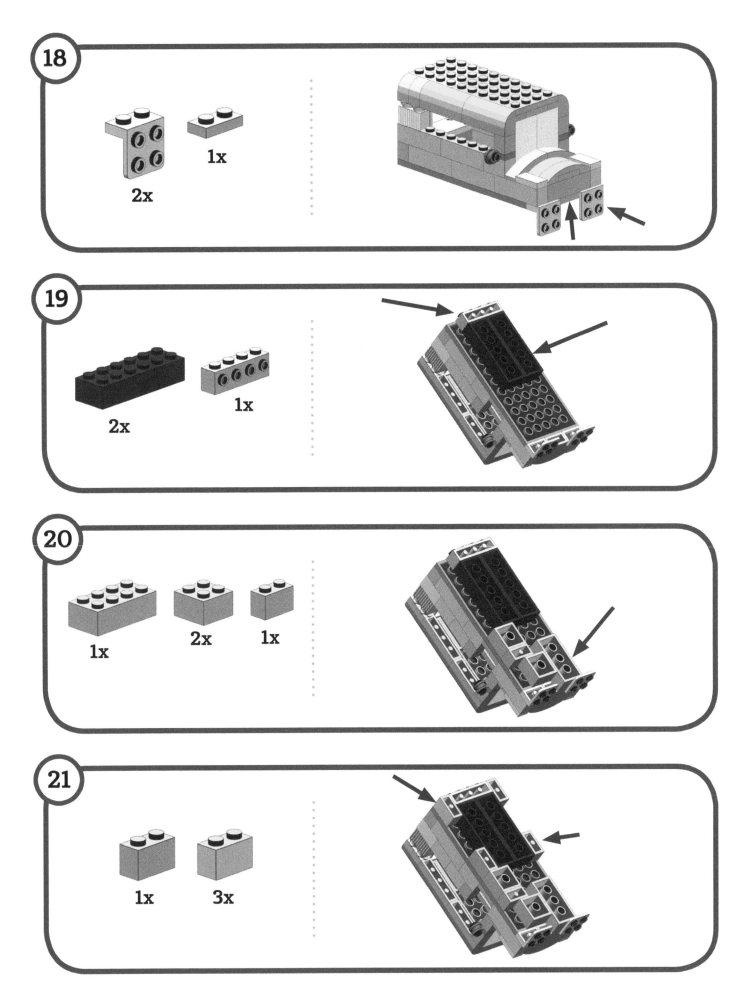

18

2x　1x

19

2x　1x

20

1x　2x　1x

21

1x　3x

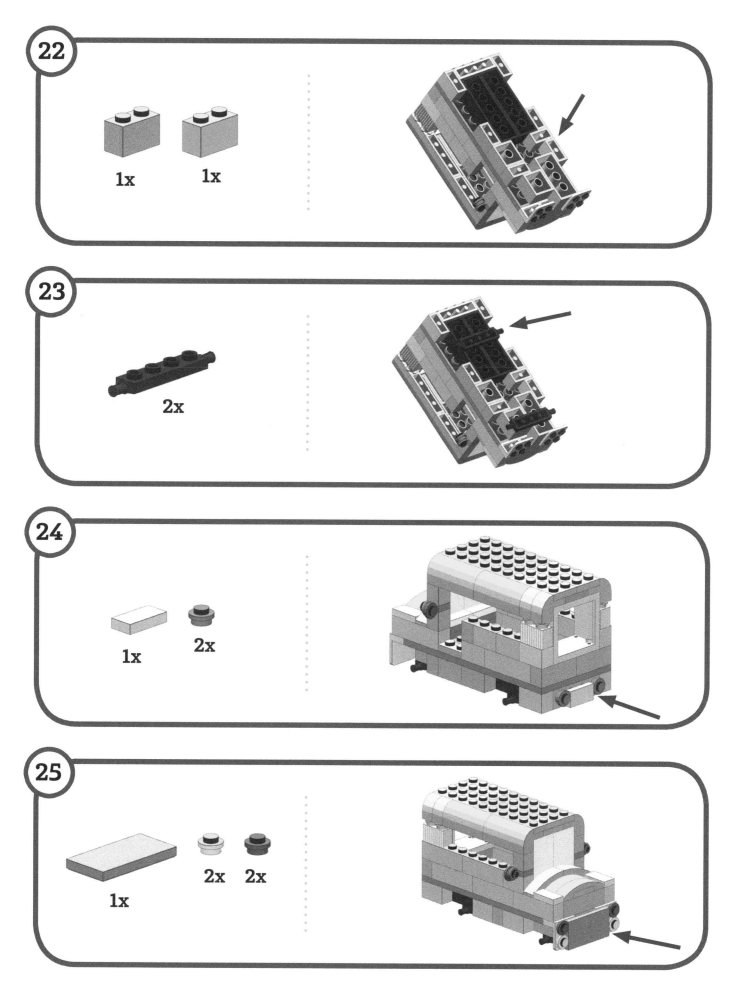

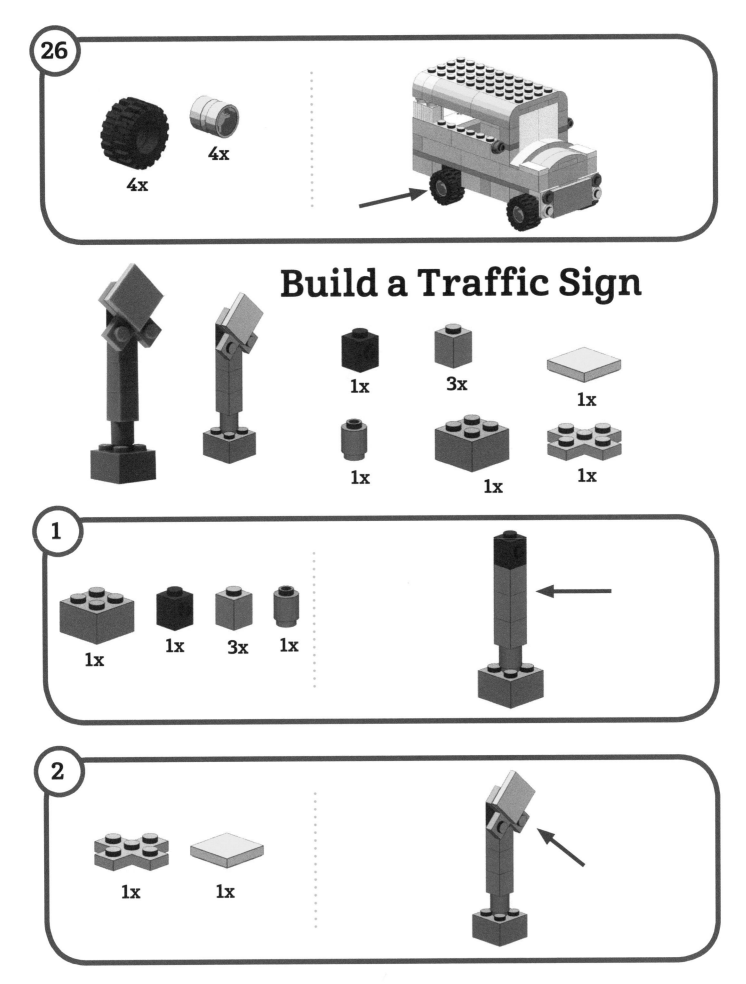

Build a Traffic Sign

26

4x
4x

1

1x
1x
3x
1x

2

1x
1x

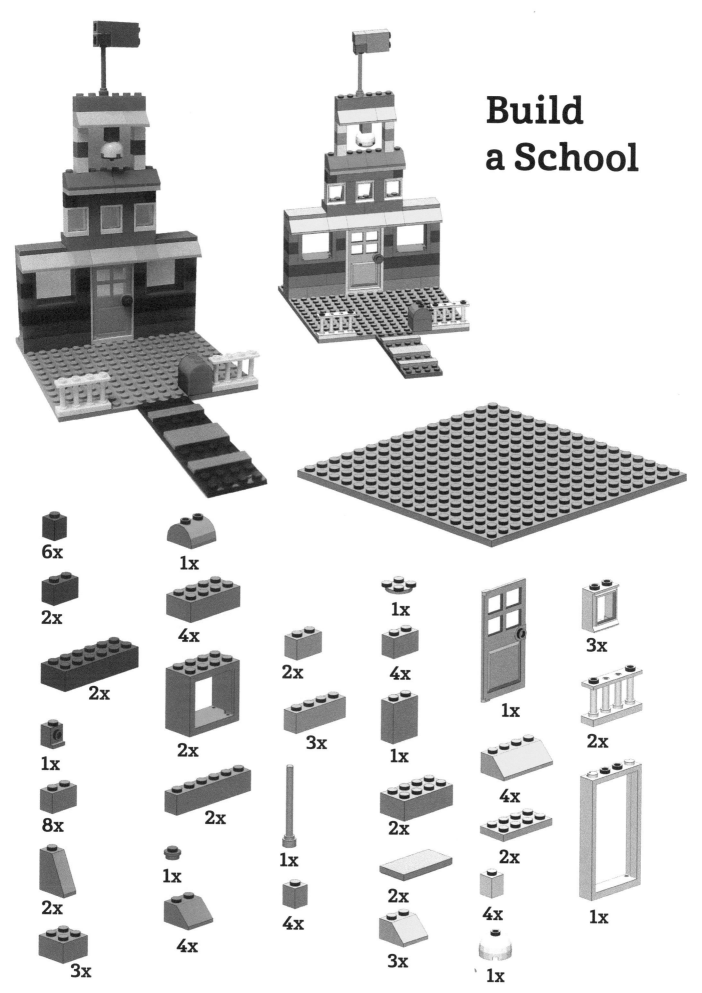

Build a School

6x

1x

2x

4x

2x

2x

2x

1x

8x

3x

2x

1x

4x

2x

1x

4x

2x

1x

4x

2x

2x

2x

3x

1x

1x

3x

4x

2x

3x

4x

1x

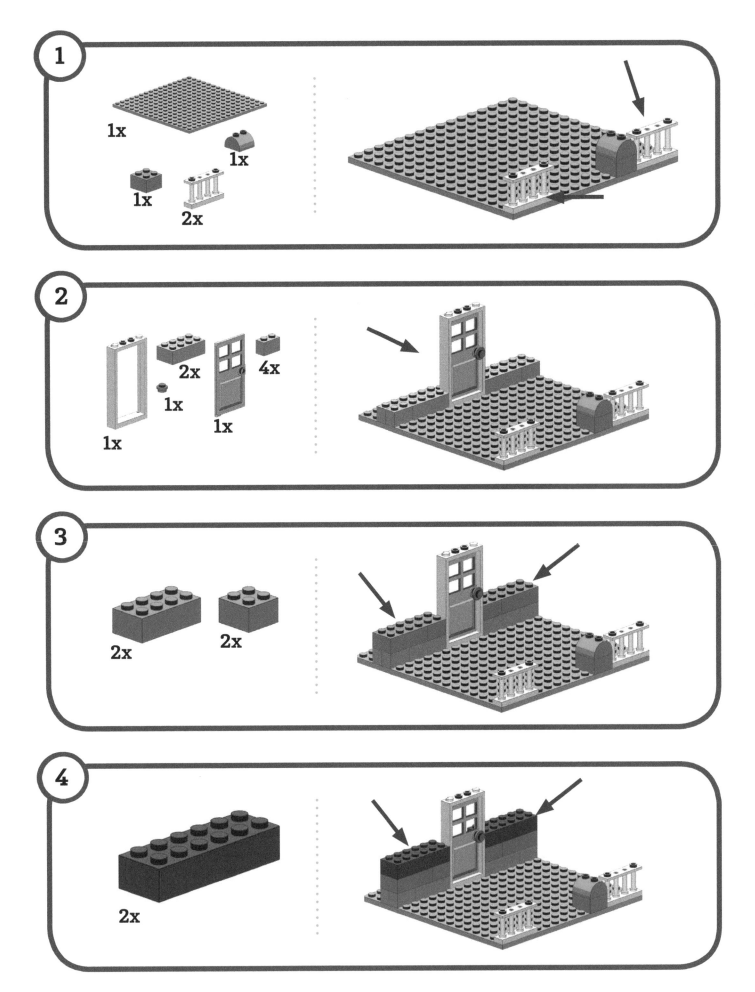

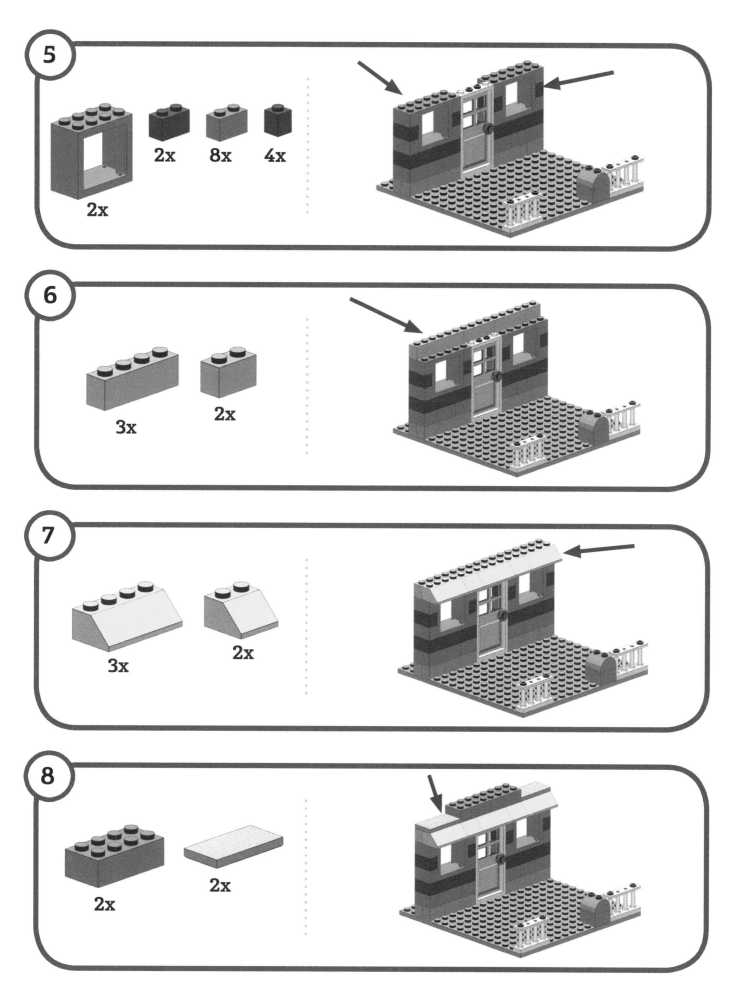

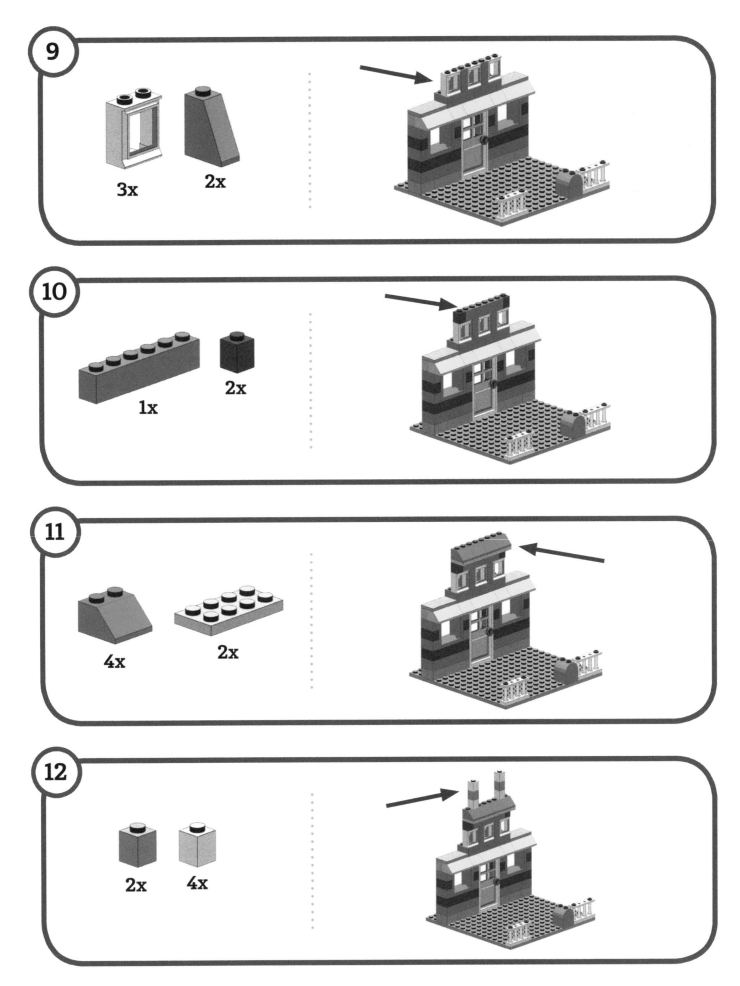

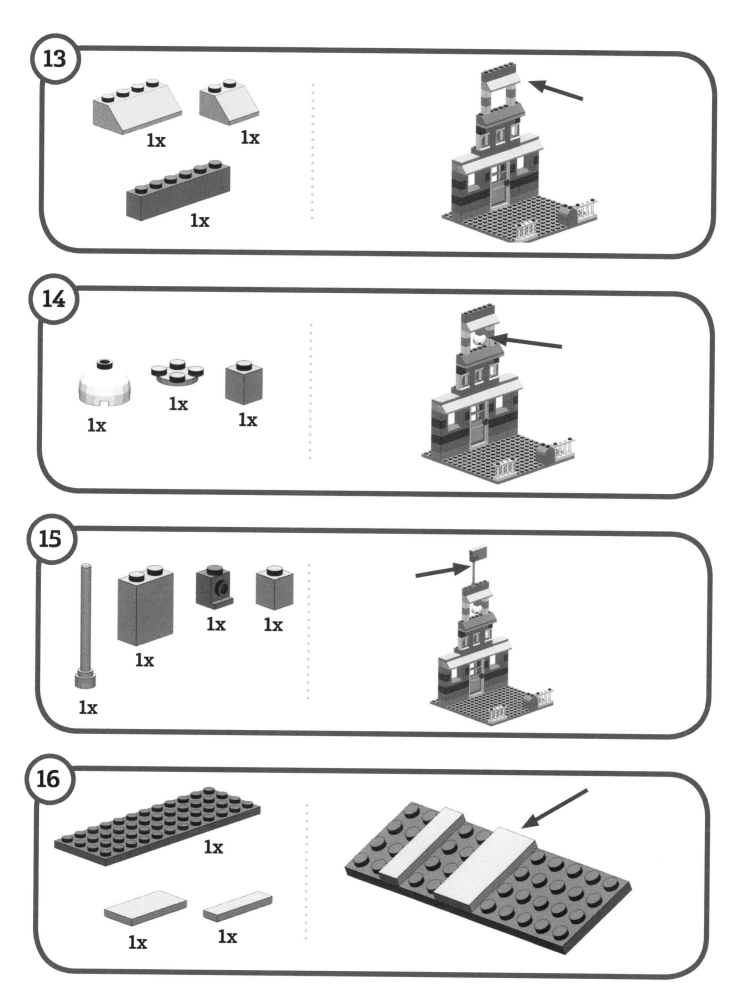

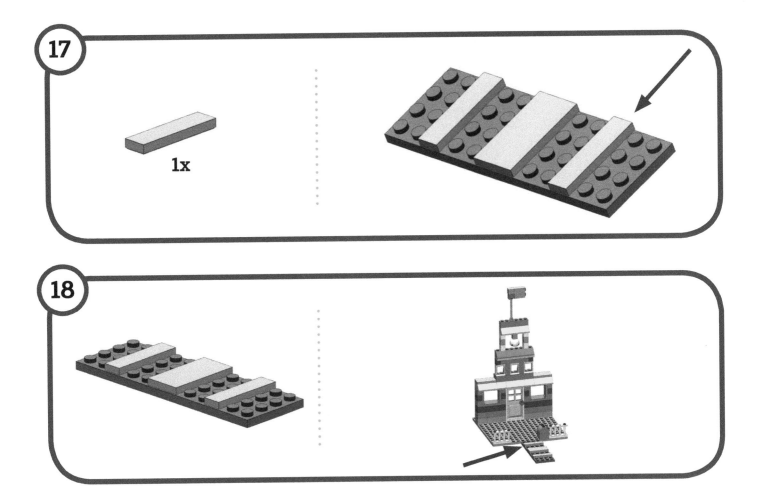

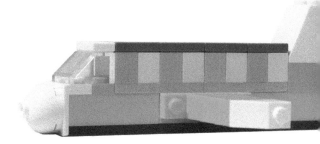

© 2016 by Jennifer Kemmeter

Library of Congress Control Number: 2016946780
International Standard Book Number: 978-1-943328-82-6 |
978-1-513260-40-2 (e-book) | 978-1-513260-44-0 (hardbound)

Designer: Vicki Knapton

Graphic Arts Books
An imprint of

GRAPHIC ARTS
BOOKS®

P.O. Box 56118
Portland, OR 97238-6118
(503) 254-5591
www.graphicartsbooks.com

The following artists hold copyright to their images as indicated: Airport Adventure
on front cover, pages 6-7: Zubada/Shutterstock.com; City by the Bay and School Scene
on pages 1, 22-23, 68-69: KID-A/Shutterstock.com; African Safari on front and back
covers, pages 42-43: GraphicsRF/Shutterstock.com.

The author thanks the LDraw community for the parts database it
makes available, which is used for making instructions found in the book.
For more information on LDraw, please visit ldraw.org.

CPSIA information can be obtained
at www.ICGtesting.com
Printed in the USA
BVHW02*0123300418
514759BV00011B/41/P

9 781513 260440